AF556601

Lena Söderström

FANCY CHRISTMAS BAKING

60 weihnachtliche Rezepte für Kuchen, Torten und Süßes aus Schweden

CHRISTIAN

Ich liebe Weihnachten! Es ist so schön, in der kalten und dunklen Jahreszeit von brennenden Kerzen umgeben zu sein und in selbst gemachten Leckereien zu schwelgen. Es gibt nach Safran duftendes Lucia-Gebäck, würzige Pfefferkuchen, umwerfende Schokoladentrüffel, einen Jul-Kranz mit Äpfeln oder eine weihnachtliche Wichtelwald-Torte …

Aber wir wollen die Weihnachtszeit natürlich nicht nur in der Küche verbringen. Betrachten Sie dieses Buch also als Inspirationsquelle und wählen Sie einige Rezepte aus, die Ihnen besonders gut gefallen – vielleicht beschränken Sie sich aber auch nur auf ein einziges. Oder Sie laden Freunde und Verwandte ein und bitten sie, ein Backwerk oder eine Süßigkeit aus diesem Buch mitzubringen, und dann stellen Sie damit ein wunderbares Büfett zusammen. Und natürlich ist es auch vollkommen in Ordnung, einen Kuchen fertig zu kaufen und ihn dann nur noch weihnachtlich zu dekorieren! Dafür liefern die Bilder hier viele Inspirationen.

Mit »Fancy Christmas Baking« möchte ich Traditionen bewahren und neue begründen. Ich möchte Erinnerungen wecken, Sie aber auch überraschen und neugierig machen. Während vieler Jahre als Kochbuchautorin habe ich hunderte Weihnachtsrezepte entwickelt und die Besten habe ich für dieses Buch ausgewählt, weitere stammen von lieben Freunden und Kollegen.

Manche Rezepte haben einen besonderen Platz in meinem Herzen – etwa die Cognacbrezeln meiner Großmutter oder der Zimtschnecken-Cheesecake, für den meine Mutter berühmt war. Nicht zu vergessen das finnische Weihnachtsgebäck meiner Schwiegermutter – für sie waren das die echten Weihnachtssterne. Auch wenn ich mich nicht mehr daran erinnern kann, was sie mir an unserem ersten gemeinsamen Weihnachtsfest geschenkt hat – diese Kekse sehe ich immer noch vor mir.

Also, blättern Sie das Buch durch, lassen Sie sich inspirieren und verwöhnen Sie Ihre Liebsten und alte und neue Freunde mit etwas Selbstgemachtem!

Wenn Sie Fragen haben oder Inspirationen brauchen,
finden Sie mich auf instagram @tastybylenasoderstrom

Lena Söderström

FROZEN BERRIES CHEESECAKE

ERGIBT 8 STÜCKE

BODEN
200 g Vollkornbutterkekse
75 g geschmolzene Butter

CHEESECAKE-MASSE
250 g tiefgekühlte Himbeeren
250 g tiefgekühlte Brombeeren
300 g Schlagsahne
400 g Frischkäse (z. B. Philadelphia)
2 Eigelb
120 g Puderzucker
4 Blätter Gelatine
1 EL Zitronensaft

ZUM GARNIEREN
tiefgekühlte Beeren
(z. B. Brombeeren und rote Johannisbeeren)

- Die Kekse zerkrümeln und mit der Butter vermengen. Eine Springform (etwa 20 cm Durchmesser) mit Backpapier auslegen. Die Krümelmasse auf dem Boden der Form verteilen und leicht andrücken. Für 20 Minuten kalt stellen. Den Backofen auf 175 °C (Ober- und Unterhitze) vorheizen. Den Cheesecakeboden etwa 15 Minuten backen, dann abkühlen lassen. Den Rand der Form mit einem Tortenstreifen auskleiden.
- Die Beeren im Mixer pürieren.
- Die Schlagsahne nicht ganz steif schlagen – sie sollte cremig bleiben.
- Den Frischkäse in der Küchenmaschine mit dem Beerenpüree verrühren. Das Eigelb dazugeben und unterrühren. Den Puderzucker hineinsieben und die Masse cremig rühren.
- Die Gelatine etwa 10 Minuten in kaltem Wasser einweichen. Die Gelatine ausdrücken, in einem kleinen Topf mit dem Zitronensaft erwärmen, bis sie sich auflöst, dann mit etwa 100 g der Frischkäsemasse verrühren. Anschließend unter die restliche Frischkäsemasse ziehen.
- Die geschlagene Sahne mit einem Teigschaber vorsichtig unterheben. Die Frischkäsemasse in die Springform geben und gleichmäßig auf dem Boden verteilen. Die Form für 5–6 Stunden oder über Nacht ins Gefrierfach stellen. Anschließend den Tortenring entfernen und den Cheesecake vor dem Servieren etwa 1 Stunde bei Zimmertemperatur stehen lassen.
- Den Kuchen unmittelbar vor dem Servieren mit den gefrorenen Beeren garnieren.

TIPP Ein Tortenstreifen aus Plastik verhindert, dass die Creme am Rand der Form festklebt. Es gibt dieses Backzubehör als Meterware oder wiederverwendbar im gut sortierten Fachhandel. Notfalls können Sie auch einen stabilen Gefrierbeutel passend zuschneiden.

KARAMELLCOOKIES MIT LEBKUCHENGEWÜRZ

ERGIBT 20 COOKIES

100 g weiche Butter
90 g Zucker
2 EL heller Sirup
1 Ei
175 g Kuchenmehl mit Backpulver (siehe unten)
2 TL Lebkuchengewürz
¼ TL Salz
10 Karamellbonbons, halbiert (z. B. Fazer Dumle)
Salzflocken zum Bestreuen

- Den Backofen auf 175 °C (Ober- und Unterhitze) vorheizen.
- Die Butter in der Küchenmaschine mit dem Zucker und dem Sirup cremig rühren. Das Ei hinzufügen. Das Mehl, das Lebkuchengewürz und das Salz dazugeben und alles zu einem Teig verarbeiten.
- Den Teig halbieren und daraus zwei Rollen formen. Jede Rolle in zehn Stücke schneiden und diese zu Kugeln formen. Die Kugeln auf einem mit Backpapier ausgelegten Blech verteilen und leicht flach drücken. Je ein halbes Karamellbonbon in die Cookies drücken.
- Die Cookies im Ofen auf der mittleren Schiene 12–15 Minuten backen. Noch warm mit Salzflocken bestreuen und vor dem Servieren abkühlen lassen.

Das ist ein supergeniales Rezept für alle, die Cookies genauso lieben wie Karamellbonbons.

TIPP Für das Kuchenmehl 600 g Weizenmehl (Type 405) mit 4 TL Backpulver vermengen. Man kann es auf Vorrat herstellen; gut verschlossen aufbewahren.

Dumle
Dumle
original
Dumle

BLUMIGES PLUNDERGEBÄCK

ERGIBT 6–7 STÜCKE

2 Packungen fertig ausgerollter Blätterteig
1 Ei, verquirlt
175 g Himbeer-, Apfel- oder Aprikosenkonfitüre

GLASUR
60 g Puderzucker
1 EL Zitronensaft

ZUM GARNIEREN
Puderzucker

- Den Backofen auf 200 °C (Ober- und Unterhitze) vorheizen.
- Den Blätterteig entrollen und mit einem Glas oder einem Keksausstecher Kreise von etwa 7 cm Durchmesser ausstechen. Die Kreise in der Mitte zusammenklappen, sodass jeweils ein Blütenblatt entsteht, und die Kanten zusammendrücken.
- Ein Backblech mit Backpapier auslegen. Jeweils fünf Blütenblätter auf dem vorbereiteten Backblech zu einer Blüte zusammensetzen. In der Mitte zusammendrücken, damit eine Vertiefung für die Füllung entsteht. Die Blüten mit verquirltem Ei bepinseln und im Backofen auf der mittleren Schiene etwa 15 Minuten backen.
- Aus dem Ofen nehmen und in die Mitte jeder Blüte einen Klecks Konfitüre füllen. Auf einem Gitter abkühlen lassen.
- Die Zutaten für die Glasur verrühren und die Blüten damit beträufeln.
- Vor dem Servieren mit Puderzucker bestauben.

TIPP Achten Sie darauf, den Teig gut zu kühlen, bevor Sie die Kreise ausstechen. Dann lässt er sich viel leichter verarbeiten.

SCHOKOLADENTARTE MIT GERÖSTETEN HASELNÜSSEN

ERGIBT 10–12 STÜCKE

BODEN
75 g geröstete Haselnusskerne
200 g Weizenmehl (Type 405)
100 g kalte Butter, plus Butter zum Einfetten
etwa 100 ml eiskaltes Wasser

FÜLLUNG
150 g Schlagsahne
150 g Milchschokolade, gehackt
150 g dunkle Schokolade, gehackt
50 g Butter

ZUM GARNIEREN
100 g geröstete Haselnusskerne
Kakaopulver

- Für den Boden die Nüsse im Mixer zerkleinern. Das Mehl untermischen. Die in Stücke geschnittene Butter dazugeben und alles zu einer krümeligen Masse vermengen. So viel von dem Wasser dazugeben, dass ein glatter Teig entsteht.
- Eine Tarteform (etwa 24 cm Durchmesser) fetten, dann Boden und Rand mit dem Teig auslegen (siehe Tipp). Für 20 Minuten kalt stellen.
- Inzwischen den Backofen auf 200 °C (Ober- und Unterhitze) vorheizen. Den Boden etwa 20 Minuten backen.
- Für die Füllung die Sahne aufkochen, dann vom Herd nehmen. Die Schokolade hineingeben und unter Rühren schmelzen lassen. Die Masse etwas abkühlen, aber nicht fest werden lassen, dann auf den Teigboden in die Form gießen.
- Die Nüsse grob hacken und rundum auf die Tarte streuen. Die Tarte für etwa 5 Stunden oder über Nacht in den Kühlschrank stellen, damit die Füllung fest wird.
- Vor dem Servieren mit Kakaopulver bestauben

TIPP Eine wunderbare Schokoladentarte, die recht gehaltvoll ist, sodass ein kleines Stück ausreicht. Den Teig am Rand etwas über die Form hinausstehen lassen, dadurch entsteht beim Backen eine schöne Kruste.

GEEISTER SAFRAN-HONIG-CHEESECAKE MIT PREISELBEEREN

ERGIBT 12 STÜCKE

200 g Vollkornbutter-kekse
75 g Butter

FÜLLUNG

100 g Schlagsahne
3 EL flüssiger Honig
1 Päckchen Safran (0,5 g)
500 g Frischkäse (z. B. Philadelphia)
1 Eigelb
100 g tiefgekühlte Preiselbeeren

- Die Kekse im Mixer zerkrümeln. Die Butter zerlassen und untermengen. Eine Kastenform (etwa 1,2 l) mit Backpapier auslegen. Die Krümelmasse hineingeben und am Boden festdrücken. Für 15 Minuten kalt stellen.
- Den Backofen auf 175 °C (Ober- und Unterhitze) vorheizen. Den Keksboden etwa 10 Minuten backen, dann abkühlen lassen.
- Für die Füllung die Sahne nicht ganz steif schlagen.
- Den Honig erwärmen, dann den Safran unterrühren. Abkühlen lassen.
- Den Frischkäse mit dem Eigelb verrühren. Den Safranhonig dazugeben und unterrühren. Die geschlagene Sahne mit einem Teigschaber vorsichtig unterziehen. Die Masse in die Form gießen, die Oberseite glatt streichen und mit den Preiselbeeren belegen. Den Kuchen mit Frischhaltefolie abdecken und für 5–6 Stunden oder über Nacht ins Gefrierfach stellen.
- Etwa 1 Stunde vor dem Servieren herausnehmen und bei Zimmertemperatur antauen lassen.

TIPP Safranhonig gibt es auch fertig zu kaufen. Bei nicht zu hoher Temperatur erwärmen, dann abkühlen lassen.

PRALINEN XXL MIT MANDELNUGAT

ERGIBT 14–16 STÜCK

SCHOKOMASSE
150 dunkle Schokolade
1 TL Kokosöl

MANDELNUGAT
100 g Mandelblättchen
250 g schnittfester Nugat
75 g dunkle Schokolade
75 g Milchschokolade

ZUM GARNIEREN
14–16 geröstete Mandelkerne, nach Belieben gesalzen

- 14–16 Papierförmchen auf ein Mini-Muffinblech verteilen.
- Für die Schokomasse die dunkle Schokolade im Wasserbad schmelzen, das Kokosöl unterrühren und die Masse etwas abkühlen, aber nicht fest werden lassen. Die Schokolade in die Förmchen gießen und zur Seite stellen.
- Für den Mandelnugat die Mandelblättchen in einer Pfanne ohne Fett unter permanentem Rühren rösten.
- Den Nugat und die beiden Schokoladensorten im Wasserbad schmelzen und glatt rühren. Von den Mandelblättchen etwa 2 EL zum Garnieren zur Seite stellen, den Rest unterrühren. Den Mandelnugat etwas abkühlen, aber nicht fest werden lassen.
- Die Förmchen mit der Schokolade für 10 Minuten ins Gefrierfach stellen, dann den Mandelnugat auf die Förmchen verteilen. Mit den restlichen Mandelblättchen bestreuen und je eine geröstete Mandel dazugeben. Die Pralinen bei Zimmertemperatur fest werden lassen. Mit Frischhaltefolie abdecken und für etwa 1 Stunde kalt stellen.

TIPP Wenn Sie keine Mini-Muffinförmchen zur Hand haben, können Sie auch Pralinenförmchen verwenden. Oder Sie nehmen einfach ein mit Backpapier ausgelegtes tiefes Backblech. Wenn die Nugatmasse fest geworden ist, die Pralinen in Stücke schneiden.

ZIMTSCHNECKEN-CHEESECAKE

ERGIBT 8 STÜCKE

175 g geschmolzene Butter, plus Butter zum Einfetten
350 g Vollkornbutterkekse

ZIMTSCHNECKEN-FÜLLUNG

100 g Kokosblütenzucker
1 EL gemahlener Zimt
3 EL Kuchenmehl (siehe Seite 10)
65 g geschmolzene Butter

CHEESECAKE-MASSE

150 g weiße Schokolade
600 g Frischkäse
250 g Ricotta
3 EL Crème fraîche
90 g Zucker
4 EL Grieß
2 TL Bourbon Vanille
100 g Schlagsahne
3 Eier

GLASUR

60 g Puderzucker
1 EL Milch

- Den Backofen auf 175 °C (Ober- und Unterhitze) vorheizen. Den Boden einer Springform (etwa 22 cm Durchmesser) mit Backpapier auslegen. Den Rand mit Butter einfetten.
- Die Kekse zerkrümeln und mit der geschmolzenen Butter verrühren. Die Krümelmasse in die Springform drücken und dabei einen Rand formen. Für 10–15 Minuten kalt stellen, anschließend im unteren Teil des Backofens 10–15 Minuten vorbacken. Herausnehmen.
- Die Backofentemperatur auf 200 °C erhöhen.
- Die Zutaten für die Zimtschneckenfüllung verrühren.
- Für die Cheesecake-Masse die Schokolade im Wasserbad schmelzen. Den Frischkäse, den Ricotta und die Crème fraîche in der Küchenmaschine verrühren. Den Zucker, den Grieß und die Bourbon Vanille dazugeben, dann die Sahne unterrühren und die geschmolzene Schokolade dazugeben. Zum Schluss auf niedriger Stufe die Eier einzeln untermischen.
- Die Cheesecake-Masse und die Zimtschneckenfüllung in je drei Schichten abwechselnd in die Form geben. Nur die oberen zwei Schichten mit einem Holzstäbchen vorsichtig verwirbeln, sodass sie sich mischen.
- Die Form mit gebutterter Alufolie abdecken und auf der untersten Schiene im Backofen etwa 75 Minuten backen. Mit einem Holzstäbchen eine Garprobe machen.
- Die Zutaten für die Glasur verrühren und den Kuchen damit beträufeln. Vor dem Servieren abkühlen lassen.

Eine Deko aus Mini-Zimtschnecken, selbst gebacken oder fertig gekauft, macht sich hier gut. Und zum Schluss kann man etwas Hagelzucker aufstreuen.

SCHOKOROLLE

ERGIBT 15 SCHEIBEN

150 g dunkle Schokolade oder Milchschokolade
150 g Kekse (z. B. Digestive Biscuits oder Vollkornbutterkekse)
60 g Walnusskerne
150 g weiche Butter
90 g Puderzucker
5 EL Kakaopulver

ZUM GARNIEREN

Puderzucker

- Die Schokolade im Wasserbad schmelzen, dann abkühlen, aber nicht fest werden lassen.
- Die Kekse in kleine Stücke hacken. Die Walnusskerne in je vier bis fünf Stücke brechen oder hacken.
- Die Butter in einer Schüssel etwa 1 Minute aufschlagen. Den Puderzucker und das Kakaopulver unterrühren. Die Kekse und die Nüsse unter die Schokoladenmasse rühren, bis alles gut gemischt ist.
- Die Masse auf ein Stück Backpapier geben und mit Hilfe des Papiers zu einer Rolle formen. Im Kühlschrank etwa 4 Stunden fest werden lassen.
- Das Backpapier entfernen und die Rolle rundherum mit Puderzucker bestauben. Vor dem Servieren in Scheiben schneiden.

Der Schein trügt: was aussieht wie eine Salami, ist ein Schokovergnügen der besonderen Art, zart schmelzend und knusprig zugleich.

fants! C'est le

FESTLICHE PRALINEN-TARTE

ERGIBT 6–8 STÜCKE

150 g Butter
300 g Zucker
60 g Kakaopulver
1 TL Bourbon Vanille
3 Eier
200 g Kuchenmehl mit Backpulver (siehe Seite 10)

TOPPING
25 g Butter
100 g Schlagsahne
100 g dunkle Schokoladentropfen
1 EL Kakaopulver
Pralinen

- Den Backofen auf 175 °C (Ober- und Unterhitze) vorheizen. Eine Springform (etwa 20 Durchmesser) mit Backpapier auskleiden.
- Die Butter in einem Topf zerlassen. Den Topf vom Herd nehmen. Den Zucker dazugeben und mit dem Handrührgerät untermischen. Das Kakaopulver und die Bourbon Vanille dazugeben und unterrühren. Die Eier einzeln unterrühren. Das Mehl dazugeben und alles vermischen.
- Den Teig in die Springform füllen. Im unteren Teil des Backofens 25 Minuten backen, dann abkühlen lassen.
- Für das Topping die Butter in einem Topf zerlassen. Die Sahne dazugeben und unter Rühren aufkochen. Den Topf vom Herd nehmen, die Schokoladentropfen hineingeben und in der heißen Sahne schmelzen lassen. Gut durchrühren, dann abkühlen lassen, bis die Masse streichfähig ist.
- Auf den Kuchen geben und gleichmäßig verstreichen. Die Tarte für 1–2 Stunden kalt stellen. Vor dem Servieren mit Kakaopulver bestauben und mit Pralinen belegen.

Sieht diese feine Tarte nicht umwerfend luxuriös aus? Und dabei ist sie ganz einfach zu machen!

TIPP Die Tarte im Voraus backen und erst vor dem Servieren garnieren. Und wer noch eins draufsetzen will: Ein Klecks Schlagsahne passt gut dazu.

BELGE DEPUIS

BROWNIE MIT ZWEIERLEI FROSTING UND SCHOKOKUGELN

ERGIBT 16 STÜCKE

150 g dunkle Schokolade
100 weiße Schokolade
175 g Kuchenmehl mit Backpulver (siehe Seite 10)
½ TL Salz
40 g Kakaopulver
120 g Muscovadozucker
135 g Zucker
150 g Butter
3 große Eier
4 EL starker Kaffee

FROSTING

300 g Puderzucker
1 EL Vanillezucker
75 g Butter
2 EL Milch (bei Bedarf etwas mehr)
1 ½ –2 EL Kakaopulver

ZUM GARNIEREN

2 Handvoll Schokokugeln (z. B. Maltesers)

- Den Backofen auf 175 °C (Ober- und Unterhitze) vorheizen. Ein kleines Backblech mit Backpapier auslegen.
- Die Schokolade grob hacken. Das Kuchenmehl, das Salz, den Kakao, den Muscovadozucker und den Zucker mischen. Die Schokolade dazugeben.
- Die Butter in einem Topf zerlassen, dann in eine große Schüssel gießen und etwa 5 Minuten abkühlen lassen. Die Eier einzeln mit dem Handrührgerät unterrühren. Den Kaffee unterrühren. Die Mehl-Schokoladen-Mischung dazugeben und alles zu einem glatten Teig verarbeiten.
- Den Teig auf das Backblech geben. Im unteren Teil des Ofens etwa 30 Minuten backen. Abkühlen lassen.
- Für das Vanillefrosting die Hälfte des Puderzuckers in der Rührschüssel der Küchenmaschine mit dem Vanillezucker mischen. Die Hälfte der Butter in kleinen Stücken dazugeben, mit dem Rührbesen auf niedriger Stufe verrühren und nach und nach die Hälfte der Milch dazugeben. Das Frosting auf hoher Stufe 5 Minuten luftig aufschlagen.
- Für das Schokoladenfrosting den restlichen Puderzucker mit dem Kakao mischen. Die restliche Butter in kleinen Stücken dazugeben. In der Küchenmaschine auf niedriger Stufe verrühren und die restliche Milch nach und nach dazugeben. Auf hoher Stufe 5 Minuten luftig aufschlagen.
- Zuerst das dunkle, dann das helle Frosting auf dem Kuchen verstreichen. Mit den halbierten Schokokugeln belegen.

TIPP Für das Topping können Sie kleine schokoladige Süßigkeiten aller Art oder auch schokolierte Nüsse verwenden.

ENGLISCHER FRÜCHTEKUCHEN

ERGIBT 10–12 STÜCKE

1 Handvoll getrocknete Feigen, in Streifen geschnitten
3 EL Cognac oder Rum
250 g weiche Butter, plus Butter zum Einfetten
135 g Zucker
3 EL heller Muscovadozucker
4 Eier
250 g Trockenfrüchte (z. B. Rosinen, getrocknete Cranberrys, Orangeat, Zitronat, rote Cocktailkirschen)
280 g Kuchenmehl mit Backpulver (siehe Seite 10), plus Mehl zum Bestauben
70 g gehackte Mandelkerne

ZUM GARNIEREN
Puderzucker

- Die Feigen mit Cognac oder Rum beträufeln und bei Zimmertemperatur 3 Stunden ziehen lassen.
- Den Backofen auf 175 °C (Ober- und Unterhitze) vorheizen. Eine Gugelhupfform buttern und mit Mehl ausstreuen.
- Die Butter, den Zucker und den Muscovadozucker cremig rühren. Die Eier einzeln unterrühren. Die Feigen mit dem Cognac oder Rum dazugeben und alles vermengen.
- Die Trockenfrüchte (es sollten zwei bis drei verschiedene Sorten sein) hacken und mit Mehl bestauben (dann sinken die Früchte beim Backen nicht auf den Boden der Form), dann unter den Teig heben.
- Die Masse in die Form geben und die Oberfläche glatt streichen. Im unteren Teil des Backofens etwa 1 Stunde backen; mit einem Holzstäbchen eine Garprobe machen.
- Den Kuchen komplett abkühlen lassen, dann in Frischhaltefolie einschlagen und mindestens 1 Tag ruhen lassen. Vor dem Servieren mit Puderzucker bestauben.

TIPP Ein feiner heller Kuchen mit genau der richtigen Menge an Früchten. Am besten schmeckt er, wenn er vor dem Anschneiden 1–2 Tage ruhen darf (in Frischhaltefolie eingewickelt). Sie können ihn aber auch längere Zeit im Voraus backen und einfrieren.

JOULUTORTTU
FINNISCHE WEIHNACHTSSTERNE

ERGIBT 6 STERNE

1 Packung fertig ausgerollter Blätterteig
115 g feste Himbeer-Granatapfel- oder Aprikosenkonfitüre
Puderzucker

- Den Backofen auf 225 °C (Ober- und Unterhitze) vorheizen.
- Den Blätterteig entrollen und zusammen mit dem Backpapier auf ein Backblech legen. Den Teig in sechs Quadrate mit je 10 cm Kantenlänge schneiden.
- An jeder Ecke einen diagonalen Schnitt zur Mitte machen, ohne den Teig ganz durchzuschneiden. Die Ecken zur Mitte umschlagen wie bei einem Windrad. Je einen Klecks Konfitüre in die Mitte der Teigstücke geben.
- Die Sterne im Backofen auf der mittleren Schiene 10–12 Minuten backen. Abkühlen lassen und mit Puderzucker bestauben.

TIPP Die echten Joulutorttu werden mit Konfitüre aus Backpflaumen gefüllt, die schwer zu bekommen ist. Pflaumenmus wäre eine gute Alternative. Hier habe ich mich für eine Variante mit Himbeer-Granatapfel- und Aprikosenkonfitüre entschieden. Wichtig ist eine feste Konfitüre, die beim Backen nicht zerfließt.

BRIOCHESCHNECKEN DE LUXE MIT MANDELN

ERGIBT 8 GROSSE ODER 12 KLEINERE SCHNECKEN

TEIG

¼ Würfel Hefe
2 EL Zucker
100 ml lauwarmes Wasser
¼ TL Salz
300–350 g Weizenmehl, plus Mehl zum Bestauben
50 g weiche Butter
2 Eier

FÜLLUNG

50 g weiche Butter
1 EL gemahlener Zimt
3 EL Zucker

MANDELCREME

75 g Butter
3 EL Zucker
140 g heller Sirup
2 EL Weizenmehl
2 EL Milch
75 g Mandelblättchen

- Die Hefe in eine Schüssel krümeln. Den Zucker und das Wasser dazugeben und rühren, bis die Hefe sich aufgelöst hat. Das Salz und 100 g des Mehls dazugeben und alles zu einem weichen Teig verarbeiten. Den Teig abgedeckt etwa 45 Minuten gehen lassen.
- Die Butter in kleinen Stücken und die Eier unter den Teig mischen. Das restliche Weizenmehl portionsweise dazugeben und alles zu einem glatten Teig verarbeiten. Den Teig abgedeckt etwa 1–1 ½ Stunden gehen lassen, bis er sein Volumen verdoppelt hat.
- Den Teig auf der bemehlten Arbeitsfläche rechteckig ausrollen (etwa 55 × 35 cm), dann die Füllung auftragen: den Teig mit der Butter bestreichen, mit dem Zimt und dem Zucker bestreuen. Den Teig dann von der kurzen Seite her dreifach zusammenfalten. Vorsichtig wieder ausrollen und für kleinere Schnecken quer in 12 Streifen schneiden, für größere Schnecken längs in 8 Streifen. Zu Schnecken aufrollen und auf einem mit Backpapier ausgelegten Backblech verteilen. Die Schnecken mit einem Tuch abgedeckt etwa 45 Minuten gehen lassen.
- Für den Mandelcreme die Butter in einer kleinen Pfanne zerlassen. Den Zucker und den Sirup unter Rühren dazugeben. Das Mehl und die Milch hinzufügen und die Masse unter Rühren aufkochen, bis sie eindickt. Die Mandelblättchen unterrühren. Zum Abkühlen beiseitestellen.
- Einen Klecks Mandelcreme in die Mitte jeder Schnecke geben.
- Den Backofen auf 225 °C (Ober- und Unterhitze) vorheizen. Die Schnecken auf der mittleren Schiene 10–15 Minuten backen.
- Die Schnecken mit einem Pfannenwender flach drücken, wenn sie zu stark aufgehen. Zum Abkühlen auf ein Stück Backpapier legen.

Teig mit viel Butter braucht länger zum Gehen als normaler Hefeteig. Die Schnecken bis zur doppelten Größe gehen lassen, bevor sie gebacken werden.

FRANZÖSISCHE PFEFFERKUCHEN

ERGIBT ETWA 50 PFEFFERKUCHEN

30 g geröstete Mandelblättchen
100 g heller Sirup
½ TL Rapsöl
115 g Zucker
2 Msp. Salzflocken
1 ½ EL Pfefferkuchengewürz
125 g weiche Butter
abgeriebene Schale von 1 unbehandelten Orange
1 TL Natron
etwa 280 g Weizenmehl (Type 405)

- Den Backofen auf 200 °C (Ober- und Unterhitze) vorheizen. Die Mandelblättchen hacken. Den Sirup und das Rapsöl in einem Topf verrühren. Den Zucker, die Salzflocken und das Pfefferkuchengewürz unterrühren und alles unter Rühren köcheln lassen, bis der Zucker geschmolzen ist. Den Topf vom Herd nehmen. Die Butter hineingeben und unter Rühren zerlassen. Die Orangenschale und die Hälfte der Mandelblättchen dazugeben. Das mit Natron gemischte Mehl unterrühren und alles zu einem Teig verarbeiten.
- Den Teig zu einem Rechteck formen und in Frischhaltefolie einschlagen. Im Kühlschrank mindestens 24 Stunden ruhen lassen.
- Den Teig in mehrere Portionen teilen und nacheinander geschmeidig kneten, dann auf Backpapier dünn rechteckig ausrollen. Die gehackten Mandelblättchen aufstreuen und andrücken. Den Teig in Rechtecke schneiden.
- Die Pfefferkuchen im Backofen auf der mittleren Schiene etwa 5 Minuten backen und aufpassen, dass sie nicht zu dunkel werden.

Diese französischen Pfefferkuchen aromatisieren wir mit Orangenschale und Mandelblättchen – außerordentlich lecker.

ERGIBT 16 STÜCKE

100 g Marzipanrohmasse (gut gekühlt)
150 g kalte Butter
180 g Zucker
1 EL Vanillezucker
140 g Weizenmehl (Type 405)
2 Eier

KARAMELLSPLITTER

180 g Zucker

SCHOKOCREME

100 g Milchschokolade
200 g Butter
120 g Puderzucker
1 EL Vanillezucker
3 EL Kakaopulver

ZUM GARNIEREN

200 g dunkle Schokolade
1 TL Rapsöl

- Den Backofen auf 175 °C (Ober- und Unterhitze) vorheizen. Ein kleines Backblech (etwa 20 × 30 cm) mit Backpapier auslegen.
- Die Marzipanrohmasse und die Butter grob reiben und in die Rührschüssel der Küchenmaschine geben. Mit dem Zucker, dem Vanillezucker und dem Mehl vermengen. Die Eier einzeln unterrühren. Den Teig auf dem vorbereiteten Blech verteilen und im Backofen auf der mittleren Schiene etwa 20 Minuten backen. Mit einem Holzstäbchen eine Garprobe machen. Den Biskuit herausnehmen und abkühlen lassen.
- Für die Karamellsplitter ein zweites Backblech mit Backpapier auslegen. Den Zucker in eine Pfanne (etwa 20 cm Durchmesser) geben. Bei mittlerer Temperatur unter ständigem Rühren schmelzen lassen und weiter erhitzen, bis hellbrauner Karamell entsteht. Den Karamell auf das Backpapier gießen und verteilen. Wenn er fest geworden ist, in Stücke brechen.
- Für die Schokocreme die Milchschokolade schmelzen, dann abkühlen, aber nicht fest werden lassen. Die Butter, den Puderzucker und den Vanillezucker schaumig rühren. Den Kakao hineinsieben und untermengen. Die Schokolade dazugeben und alles zu einer glatten Masse verrühren. Die Creme auf dem Kuchen verteilen.
- Die dunkle Schokolade zum Garnieren schmelzen und mit dem Rapsöl verrühren. Etwas abkühlen, aber nicht fest werden lassen. Die Masse auf den Kuchen gießen.
- Den Kuchen mit den Karamellsplittern garnieren.

GLÜHWEIN-MUFFINS MIT WEIHNACHTLICHEM FROSTING

ERGIBT 12 MUFFINS

100 g weiche Butter
150 g Farinzucker
45 g Zucker
2 Eier
150 g Dickmilch
2 EL Glühwein
200 g Weizenmehl (Type 405)
1 EL gemahlener Zimt
1 TL gemahlene Gewürznelken
1 TL gemahlener Ingwer
1 TL Natron

FROSTING

200 g weiche Butter
60 g Puderzucker
300 g Frischkäse (z. B. Philadelphia)
etwa 20 rot-weiße Pfefferminzbonbons

- Zwölf Papierförmchen auf ein Muffinblech verteilen. Den Backofen auf 200 °C (Ober- und Unterhitze) vorheizen.
- Die Butter, den Farinzucker und den Zucker mit dem Handrührgerät verrühren. Die Eier einzeln untermischen. Die Dickmilch und den Glühwein unterrühren. Das Mehl mit den Gewürzen und dem Natron vermischen und dazugeben, dann alles gut vermengen. Die Förmchen jeweils zu ⅔ mit Teig füllen.
- Im Ofen auf der mittleren Schiene 12–15 Minuten backen, mit einem Holzstäbchen eine Garprobe machen. Die Muffins abkühlen lassen.
- Für das Frosting die Butter mit dem Puderzucker weiß und schaumig rühren. Den Frischkäse dazugeben und unterrühren.
- Das Frosting in einen Spritzbeutel füllen und die Muffins damit garnieren. Ein Bonbon auf jeden Muffin legen. Die restlichen Bonbons zerstoßen und das Frosting damit bestreuen.

HUSHÅLLSVÅG
465
SVENSK TILLVERKNING

HIMBEER-KARAMELLBONBONS

ERGIBT ETWA 25 BONBONS

75 g Butter
200 g Sahne
180 g Zucker
140 g heller Sirup
1 EL Himbeerpulver (aus gefriergetrockneten Himbeeren)

ZUM GARNIEREN
Himbeerpulver
Goldpulver

- Die Butter in einem Topf zerlassen. Die Sahne unterrühren und aufkochen. Den Zucker und den Sirup dazugeben und rühren, bis der Zucker sich aufgelöst hat. Den Karamell unter Rühren auf etwa 90 °C erhitzen.
- 3–4 EL des Karamells mit dem Himbeerpulver mischen, bis sich das Pulver aufgelöst hat. Die Mischung zurück in den Topf gießen und gründlich verrühren, dann auf 124 °C erhitzen.
- Die Karamellmischung in eine mit Backpapier ausgelegte Form (etwa 20 × 30 cm) gießen und fest werden lassen. Den Karamell aus der Form nehmen. Mit Himbeer- und Goldpulver bestauben, dann in Stücke schneiden. Kalt aufbewahren.

Himbeerpulver kann man aus gefriergetrockneten Himbeeren leicht selbst herstellen – dafür die Früchte einfach mit den Händen oder im Mixer zerkleinern.

SAHNEKARAMELLEN

25 SCHNÜRE ODER 75 BONBONS

200 g Schlagsahne
180 g Zucker
280 g heller Sirup

ZUM AROMATISIEREN, NACH WAHL
0,5 g Safranpulver
2 EL Kakaopulver
150 g salzige Lakritzbonbons, gehackt
4–5 EL fein gehackte geröstete Mandelkerne

- Sahne, Zucker und Sirup in einen Topf mit dickem Boden geben und aufkochen. Auf mittlere Temperatur herunterschalten und die Karamellmasse auf 125–128 °C erhitzen, dabei häufig umrühren.
- Den Topf vom Herd nehmen und das gewählte Aroma unterrühren. Die Mischung in eine mit Backpapier ausgelegte Form (etwa 10 × 25 cm) gießen (oder in eine Bonbonform) und abkühlen lassen.
- Den Karamell in rechteckige Stücke schneiden, nach Belieben zu Schnüren drehen (oder die Bonbons aus der Form lösen).

HASELNUSSKUCHEN MIT NUSSTOPPING

ERGIBT 15–20 STÜCKE

200 g weiche Butter
240 g heller Muscovadozucker
3 Eier
100 ml frisch gepresster Orangensaft
150 g gemahlene Haselnusskerne
140 g Kuchenmehl mit Backpulver (siehe Seite 10)

TOPPING

150 g Milchschokolade
etwa 50 geröstete Haselnusskerne
etwa 30 g dunkle Schokolade

- Den Backofen auf 175 °C (Ober- und Unterhitze) vorheizen. Ein kleines Backblech (etwa 23 × 30 cm) mit Backpapier auslegen.
- Die Butter und den Zucker in der Küchenmaschine schaumig rühren. Die Eier einzeln unterrühren. Dann den Orangensaft, die gemahlenen Haselnusskerne und das Mehl unterrühren und alles zu einem glatten Teig verarbeiten. Den Teig in das vorbereitete Blech geben und im Ofen auf der mittleren Schiene 30–40 Minuten backen. Den Kuchen abkühlen lassen, dann auf eine Platte legen.
- Für das Topping die Milchschokolade schmelzen. Die Nüsse mit 3 EL der flüssigen Schokolade in einer kleinen Schüssel mischen. Die restliche Schokolade auf dem Kuchen verteilen. Die Nüsse jeweils in Dreiergruppen daraufsetzen. Die Schokolade fest werden lassen. Zum Schluss die dunkle Schokolade schmelzen und über den Kuchen träufeln. Den Kuchen für 1 Stunde kalt stellen, damit das Topping fest wird.

TIPP In Schweden gibt es eine beliebte Praline mit drei Nüssen. Sie hat Pate gestanden für diesen weihnachtlichen Kuchen. Wenn Sie mehr an der Praline interessiert sind, können Sie das Topping auch ohne den Kuchen machen und auf Backpapier verteilen. Dann für etwa 1 Stunde in den Kühlschrank stellen, bis es sich in Stücke brechen lässt.

HENRIKS HAUSGEMACHTE WAFFELRÖLLCHEN

ERGIBT 20 RÖLLCHEN

100 g Butter
135 g Zucker
200 g Weizenmehl (Type 405)
1 TL Vanillezucker

- Die Butter in einem Topf zerlassen, dann in eine Schüssel gießen und abkühlen lassen. Den Zucker, das Mehl, den Vanillezucker sowie 200 ml Wasser dazugeben und alles zu einem glatten Teig verarbeiten.
- Das Hörncheneisen vorheizen und einfetten. Jeweils etwa 1 EL Teig im Hörncheneisen verteilen. Backen, bis beide Seiten schön gebräunt sind. Die Waffel aus dem Eisen lösen und sofort aufrollen.

TIPP Um das Rezept zu variieren können Sie die Waffelröllchen mit einer Seite in geschmolzene Schokolade tauchen. Oder Sie formen aus den Waffeln kleine Schalen: dazu die noch warme Waffel einfach über ein umgedrehtes Trinkglas legen.

SAFRAN-BISCOTTI

ERGIBT ETWA 40 BISCOTTI

100 g weiche Butter
135 g Zucker
2 Päckchen Safran (1 g)
2 große Eier
350 g Kuchenmehl mit Backpulver (siehe Seite 10), plus Mehl zum Bestauben
50 g dunkle Schokoladentropfen, gehackt
1 EL Puderzucker

- Den Backofen auf 200 °C (Ober- und Unterhitze) vorheizen.
- Die Butter mit dem Zucker in der Küchenmaschine cremig rühren. Den fein zerstoßenen Safran dazugeben und unterrühren. Die Eier einzeln unterrühren. Das Mehl dazugeben und alles zu einem geschmeidigen Teig verarbeiten. Auf die bemehlte Arbeitsfläche geben und die Schokolade unterkneten.
- Den Teig in drei Portionen teilen und jeweils zu einer etwa 30 cm langen Rolle formen.
- Die Rollen auf ein mit Backpapier ausgelegtes Backblech geben und im Ofen auf der mittleren Schiene etwa 10 Minuten backen. Direkt nach dem Backen in Scheiben schneiden.
- Die Biscotti flach auf das Backblech legen und im Ofen auf der mittleren Schiene noch etwa 10 Minuten fertigbacken, nach der Hälfte der Zeit wenden. Nach dem Abkühlen mit Puderzucker bestauben.

TIPP In einer fest verschlossenen Dose bleiben die Biscotti lange frisch und knusprig.

ERDNUSS-KARAMELL

ERGIBT 24 GROSSE ODER 32 KLEINE STÜCKE

300 g Sahne
280 g heller Sirup
180 g Zucker
125 g Butter
140 g geröstete gesalzene Erdnusskerne
Salzflocken

- Die Sahne, den Sirup und den Zucker in einem Topf verrühren. Aufkochen und auf etwa 120 °C erhitzen, bis die Masse dick wird. Aufpassen, dass der Karamell nicht überkocht, ab und zu umrühren. Vom Herd nehmen und die Butter in kleinen Stücken unterrühren. Dabei den Karamell nach jeder Butterzugabe glatt rühren.
- Den Karamell auf ein mit Backpapier ausgelegtes Backblech gießen. Die Nüsse darüberstreuen und vorsichtig andrücken. Zum Schluss Salzflocken auf den Erdnusskaramell streuen.
- Den Karamell vor dem Servieren in Stücke schneiden.

Klassischer Karamell mit gesalzenen Erdnüssen – eine wirklich überzeugende Kombination!

boulanger!

PRINZESSINNENTORTE

ERGIBT 6–8 STÜCKE

500 g Schlagsahne
1 fertiger Biskuitboden, zweimal durchgeschnitten
230 g Himbeerkonfitüre

VANILLECREME

2 große Eigelb
1 EL Zucker
2 EL Speisestärke
100 g Sahne
100 ml Milch
1 TL Bourbon Vanille

ZUM GARNIEREN

1 grün eingefärbte Marzipandecke (online erhältlich, z. B. über onfors)
½ EL Puderzucker
unbehandelte Rosen oder Zuckerblumen

- Für die Vanillecreme das Eigelb, den Zucker und die Speisestärke in einem Topf vermengen. Die Sahne und die Milch nacheinander dazugießen und alles glatt rühren. Bei niedriger Temperatur unter Rühren kochen lassen, bis die Creme andickt. Dann vom Herd nehmen und die Bourbon Vanille unterrühren. Die Creme abkühlen lassen.
- Die Sahne steif schlagen. Vorsichtig ⅔ der Sahne unter die abgekühlte Vanillecreme heben.
- Einen der Tortenböden auf eine Kuchenplatte legen. Mit der Himbeerkonfitüre bestreichen, dabei rundherum 1 cm Rand frei lassen. Den nächsten Boden auflegen und darauf die Vanillecreme verteilen. Den dritten Boden auflegen, die restliche Sahne daraufgeben und zu einem gleichmäßigen Hügel formen.
- Die Marzipandecke auflegen und rundherum leicht andrücken. Die untere Kante gleichmäßig abschneiden. Die Torte mit Puderzucker und Rosenblüten garnieren.

TIPP Möchten Sie eine hübsche Puderzuckergarnierung auf Ihrer Torte? Legen Sie ein Spitzendeckchen oder ein Tortendeckchen aus Papier darauf und sieben Sie etwas Puderzucker darüber. Das Deckchen ganz vorsichtig und gerade abheben. Wenn Sie die Torte mit frischen Blumen garnieren, daran denken, dass sie ungespritzt sein müssen. Aber auch Zuckerblumen, die es fertig zu kaufen gibt, haben ihren Reiz.

JUL-KRÄNZE MIT ÄPFELN

ERGIBT 15 JUL-KRÄNZE

½ Würfel Hefe
300 ml lauwarme Milch (37 °C)
1 Ei
5 EL Zucker
½ TL Salz
1 TL gemahlener Kardamom
etwa 525 g Weizenmehl (Type 550), plus Mehl zum Bestauben
75 g weiche Butter

FÜLLUNG

50 g weiche Butter
1 TL Zitronensaft
2 rote Äpfel, in schmale Spalten geschnitten
250 g Marzipanrohmasse

ZUM BESTREICHEN & GARNIEREN

1 Ei, verquirlt
3 rote Äpfel
2 EL Zucker

- Die Hefe in die Rührschüssel der Küchenmaschine krümeln und in der Milch auflösen.
- Das Ei unterrühren, gefolgt von dem Zucker, dem Salz und dem Kardamom. 350 g Mehl dazugeben und alles zu einem Teig verarbeiten. Die Butter esslöffelweise unterkneten. Anschließend das restliche Mehl unterkneten, jeweils 3 EL, bis ein weicher, geschmeidiger Teig entstanden ist. Er soll nicht zu fest werden. Den Teig etwa 10 Minuten kneten. Dann mit einem Tuch abdecken und etwa 1 Stunde gehen lassen.
- Den Teig auf die bemehlte Arbeitsfläche legen und kurz durchkneten. Zu einer Kugel formen und unter dem Tuch weitere 30 Minuten gehen lassen.
- Den Teig zu einem Rechteck (25 × 40 cm) ausrollen. Die Butter für die Füllung auf dem Teig verstreichen. Die mit Zitronensaft gemischten Apfelspalten darauf verteilen. Die Marzipanrohmasse mit einer feinen Reibe darüberreiben. Den Teig von der Längsseite her aufrollen und in 15 Stücke schneiden. Drei runde Backformen mit Backpapier auslegen und jeweils fünf Teigstücke hineingeben. Mit der Hand etwas flach drücken und mit verquirltem Ei bepinseln. In die Mitte jeweils einen Apfel stellen. Mit Zucker bestreuen. Den Teig unbedeckt noch etwa 30 Minuten gehen lassen.
- Den Backofen auf 200 °C (Ober- und Unterhitze) vorheizen. Die Kränze auf der mittleren Schiene 20–25 Minuten backen. Auf einem Gitter abkühlen lassen.

Rote Weihnachtsäpfel sehen nicht nur schön aus, sie verleihen den Kränzen auch Geschmack. Sie können die Schnecken genauso gut einzeln in Papierförmchen backen. Dann die Ofentemperatur auf 225 °C erhöhen und die Backzeit auf 15 Minuten reduzieren.

FEINER CLEMENTINENKUCHEN

ERGIBT 6–8 STÜCKE

150 g weiche Butter, plus Butter zum Einfetten
180 g Zucker
2 Eier
abgeriebene Schale von 1 unbehandelten Clementine
50 ml frisch gepresster Clementinensaft
200 g Kuchenmehl mit Backpulver (siehe Seite 10), plus Mehl zum Bestauben

ZUM GARNIEREN

6 unbehandelte Clementinen, am besten mit Blättern
1 EL Puderzucker

- Den Backofen auf 175 °C (Ober- und Unterhitze) vorheizen. Eine Gugelhupfform (1,5 l Inhalt) einfetten. Sorgfältig mit Mehl ausstreuen, besonders die Vertiefungen.
- Die Butter und den Zucker mit dem Handrührgerät cremig rühren. Die Eier einzeln unterrühren. Die Clementinenschale und den Saft dazugeben und alles gut vermengen. Das Kuchenmehl unterrühren, dann den Teig in die vorbereitete Form geben.
- Im unteren Teil des Ofens etwa 40 Minuten backen; mit einem Holzstäbchen eine Garprobe machen. Den Kuchen in der Form etwas abkühlen lassen, dann auf ein Gitter stürzen. Vollständig auskühlen lassen.
- Mit den geschälten Clementinen und falls vorhanden auch den Clementinenblättern garnieren (siehe Tipp). Mit Puderzucker bestauben.

TIPP Nur Blätter von unbehandelten Bio-Clementinen verwenden. Die Blätter abspülen und trocknen, bevor sie auf den Kuchen kommen. Der Kuchen schmeckt genauso gut mit Zitronen-, Limetten- oder Orangensaft.

LUCIA-SCHNITTEN

ERGIBT ETWA 20 SCHNITTEN

60–120 g helle Rosinen
1 Päckchen Safran (0,5 g)
1 Zuckerwürfel
1 EL Cognac, Whiskey oder Weinbrand
100 g weiche Butter
90 g Zucker
3 EL heller Sirup
1 EL Vanillezucker
175 g Kuchenmehl mit Backpulver (siehe Seite 10)
Hagelzucker zum Bestreuen

- Die Rosinen in eine Schale geben. Mit kochendem Wasser bedecken und etwa 10 Minuten einweichen. Das Wasser abgießen und die Rosinen trocken tupfen.
- Den Backofen auf 175 °C (Ober- und Unterhitze) vorheizen.
- Den Safran mit dem Zuckerwürfel im Mörser ganz fein zerstoßen, dann in dem Alkohol auflösen.
- Die Butter in der Küchenmaschine mit dem Zucker, dem Sirup, dem Vanillezucker und dem aufgelösten Safran verrühren. 3 Minuten weiterrühren, bis die Masse luftig ist. Das Mehl dazugeben und alles auf niedriger Stufe zu einem glatten Teig verarbeiten. Die Rosinen von Hand unterheben.
- Den Teig in zwei Portionen teilen. Zu langen Rollen formen und auf ein mit Backpapier ausgelegtes Blech legen. Den Teig mit einer Gabel vorsichtig etwa flacher drücken. Die Rollen mit dem Hagelzucker bestreuen und im Ofen auf der mittleren Schiene etwa 15 Minuten backen, bis die Ränder leicht braun werden, die Mitte aber noch weich ist. Die Teigrollen nach dem Abkühlen schräg in Stücke schneiden.

TIPP Wenn Sie den Alkoholgeschmack nicht mögen, können Sie den Safran auch in frisch gepresstem Zitronensaft auflösen.

WEISSER SCHOKOLADENKUCHEN MIT KANDIERTER ZITRONE

150 g Butter
200 g weiße Schokoladen-tropfen
180 g Zucker
3 Eier
175 g Weizenmehl (Type 405)
1 TL Bourbon Vanille
1 TL abgeriebene Schale von 1 unbehandelten Zitrone

GLASUR
etwa 120 g Puderzucker
1 ½–2 EL Zitronensaft

KANDIERTE ZITRONE
1 unbehandelte Zitrone
90 g Zucker
140 g heller Sirup

ZUM GARNIEREN
1 Rosmarinzweig
Puderzucker

- Den Backofen auf 175 °C (Ober- und Unterhitze) vorheizen. Die Butter in einem Topf mit dickem Boden zerlassen. Den Topf vom Herd nehmen und die Schokolade unterrühren, bis sie geschmolzen ist. Den Zucker mit dem Handrührgerät unterrühren, dann die Eier einzeln unterrühren. Das Mehl mit der Bourbon Vanille und der Zitronenschale mischen und von Hand unterziehen. Den Teig in eine mit Backpapier ausgelegte Springform füllen.
- Den Kuchen im unteren Teil des Ofens etwa 25 Minuten backen – je nachdem, wie feucht er noch sein soll. Den Kuchen in der Form abkühlen lassen.
- Für die Glasur den Puderzucker mit dem Zitronensaft verrühren.
- Den Kuchen auf eine Servierplatte legen und die Glasur auf der Oberfläche verteilen.
- Für die kandierte Zitrone die Zitrone gründlich waschen, dann in Scheiben schneiden. Den Zucker und den Sirup in einer kleinen Pfanne mit hohem Rand unter Rühren zum Kochen bringen, bis sich der Zucker aufgelöst hat. Die Zitronenscheiben in den Sirup legen und etwa 5 Minuten kochen lassen. Die Zitronenscheiben sind fertig, wenn der weiße Rand durchsichtig wird. Die Pfanne vom Herd nehmen, die Zitronenscheiben mit einer Gabel herausnehmen und auf Backpapier abkühlen lassen.
- Den Kuchen mit den Zitronenscheiben und einem Rosmarinzweig garnieren und mit dem Puderzucker bestauben.

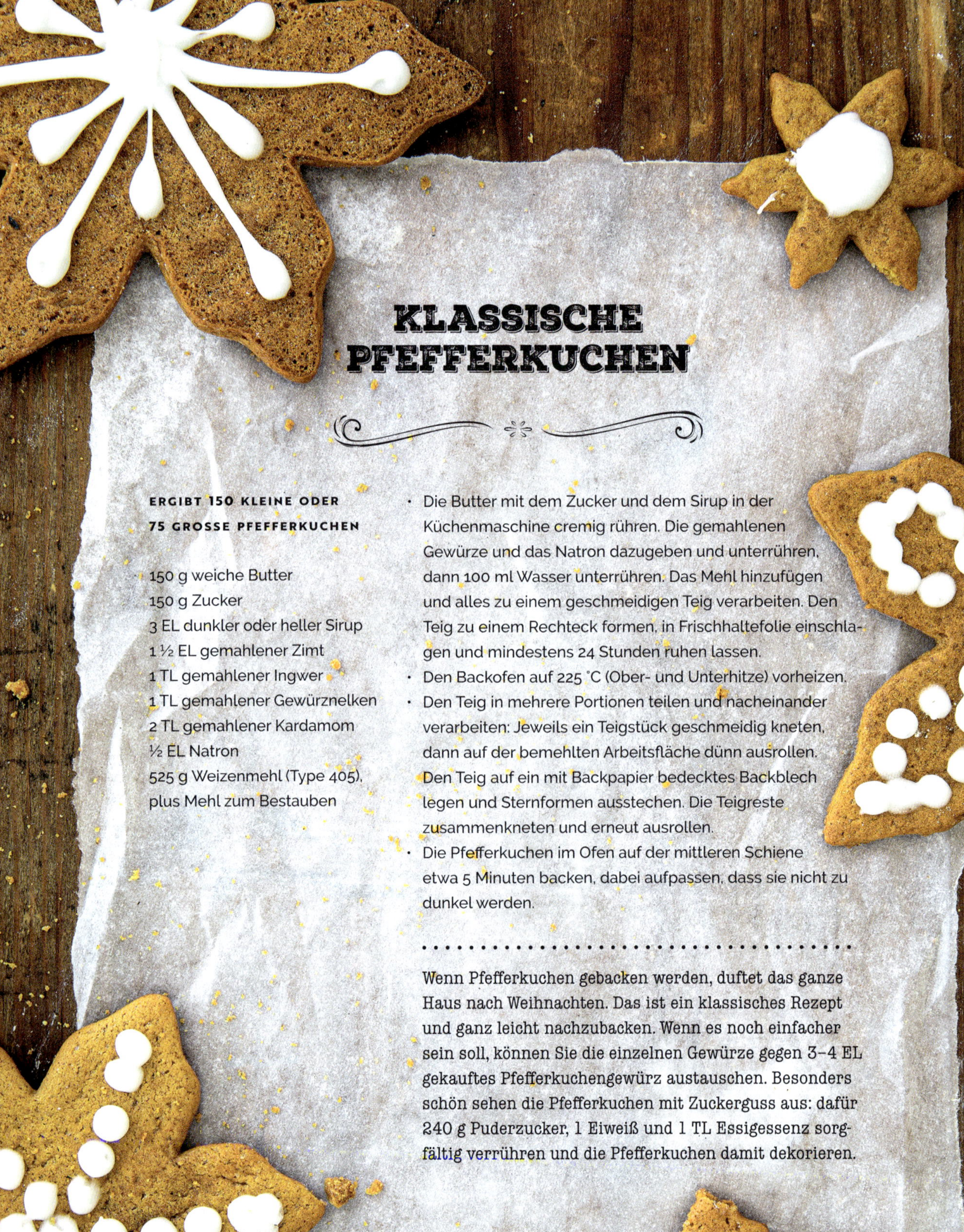

KLASSISCHE PFEFFERKUCHEN

ERGIBT 150 KLEINE ODER 75 GROSSE PFEFFERKUCHEN

150 g weiche Butter
150 g Zucker
3 EL dunkler oder heller Sirup
1 ½ EL gemahlener Zimt
1 TL gemahlener Ingwer
1 TL gemahlener Gewürznelken
2 TL gemahlener Kardamom
½ EL Natron
525 g Weizenmehl (Type 405), plus Mehl zum Bestauben

- Die Butter mit dem Zucker und dem Sirup in der Küchenmaschine cremig rühren. Die gemahlenen Gewürze und das Natron dazugeben und unterrühren, dann 100 ml Wasser unterrühren. Das Mehl hinzufügen und alles zu einem geschmeidigen Teig verarbeiten. Den Teig zu einem Rechteck formen, in Frischhaltefolie einschlagen und mindestens 24 Stunden ruhen lassen.
- Den Backofen auf 225 °C (Ober- und Unterhitze) vorheizen.
- Den Teig in mehrere Portionen teilen und nacheinander verarbeiten: Jeweils ein Teigstück geschmeidig kneten, dann auf der bemehlten Arbeitsfläche dünn ausrollen. Den Teig auf ein mit Backpapier bedecktes Backblech legen und Sternformen ausstechen. Die Teigreste zusammenkneten und erneut ausrollen.
- Die Pfefferkuchen im Ofen auf der mittleren Schiene etwa 5 Minuten backen, dabei aufpassen, dass sie nicht zu dunkel werden.

Wenn Pfefferkuchen gebacken werden, duftet das ganze Haus nach Weihnachten. Das ist ein klassisches Rezept und ganz leicht nachzubacken. Wenn es noch einfacher sein soll, können Sie die einzelnen Gewürze gegen 3–4 EL gekauftes Pfefferkuchengewürz austauschen. Besonders schön sehen die Pfefferkuchen mit Zuckerguss aus: dafür 240 g Puderzucker, 1 Eiweiß und 1 TL Essigessenz sorgfältig verrühren und die Pfefferkuchen damit dekorieren.

COGNACBREZELN

ERGIBT ETWA 50 BREZELN

200 g Butter
45 g Puderzucker
140 g Weizenmehl (Type 405), plus Mehl zum Bestauben
1 EL Cognac

- Die Butter mit dem Zucker schaumig rühren. Das Mehl und den Cognac dazugeben und alles zu einem geschmeidigen Teig verarbeiten.
- Den Teig in einen Plastikbeutel geben, verschließen und für etwa 1 Stunde im Kühlschrank ruhen lassen.
- Den Backofen auf 175 °C (Ober- und Unterhitze) vorheizen.
- Den Teig auf der leicht bemehlten Arbeitsfläche zu einem Rechteck ausrollen. In 20 cm lange Streifen schneiden und zu Brezeln formen. Die Brezeln auf einem mit Backpapier ausgelegten Backblech verteilen und im Ofen auf der mittleren Schiene 10–12 Minuten backen.

TIPP Der Cognac kann z. B. durch Whiskey oder Weinbrand ersetzt werden. Anstelle von Brezeln kann man Kränze formen: jeweils zwei Teigstreifen miteinander verdrehen, dann in 10 cm lange Stücke schneiden und zu einem Kringel zusammenlegen.

BIRNENKUCHEN

ERGIBT 6 STÜCKE

BIRNEN IN SIRUP

3 feste Birnen
1 unbehandelte Zitrone, Saft von einer Hälfte ausgepresst, die andere in Scheiben geschnitten
1 Stück geschälter Ingwer, in Scheiben geschnitten (oder ½ Vanillestange, aufgeschnitten)
etwa 750 ml kochendes Wasser oder Wein, weiß oder rot
270 g Zucker

TEIG

200 g weiche Butter
225 g Zucker
2 kleine Eier
315 g Weizenmehl (Type 405)

ZUM BESTREUEN

3 EL brauner Rohrzucker
1 EL Puderzucker

- Für die Birnen in Sirup die Birnen im Ganzen schälen und den Stiel stehen lassen. Die Birnen mit einer Gabel einstechen und mit dem Zitronensaft einpinseln, damit sie nicht braun werden. Die übrigen Zutaten in einen Topf geben und unter Rühren aufkochen, bis der Zucker sich aufgelöst hast. Je nach Säuregehalt des verwendeten Weins eventuell mehr Zucker dazugeben. Die Birnen in den Sirup legen. Zugedeckt 25–40 Minuten köcheln lassen (die Garzeit richtet sich nach dem Reifegrad der Früchte), bis sie weich sind. Sie sollten sich mit einem Holzstäbchen leicht einstechen lassen. Die Birnen im Sirup abkühlen lassen.
- Für den Teig die Butter mit dem Zucker in der Küchenmaschine weiß und schaumig rühren. Die Eier einzeln dazugeben und gut untermischen. Das Mehl hinzufügen und alles zu einem homogenen Teig verarbeiten.
- Den Teig in eine mit Backpapier ausgelegte runde Backform geben und mit bemehlten Händen oder der Rückseite eines Löffels glatt streichen.
- Die Birnen halbieren. Die Birnenhälften mit der Schnittfläche nach oben in den Teig drücken und mit dem Rohrzucker bestreuen.
- Den Kuchen im unteren Teil des Ofens etwa 40 Minuten backen.
- Abkühlen lassen und vor dem Servieren mit Puderzucker bestauben.

TIPP Ein Boden aus Rührteig, darauf saftige Birnen – dieser Kuchen ist so gut! Der Sirup kann mit Wasser oder Wein gekocht werden; Rotwein sorgt für eine schöne Farbe.

Christmas Greetings

LUCIA-GEBÄCK

ERGIBT 48 STÜCK

1 Würfel Hefe
500 ml Milch
135 g Zucker
½ TL Salz
2 Päckchen Safran (1 g)
1–1,2 kg Weizenmehl (Type 550), plus Mehl zum Bestauben
100 g Butter
250 g Quark (20 % Fettgehalt)

ZUM GARNIEREN

60 g Rosinen
1 Ei, nach Belieben mit 1 Eigelb verquirlt

- Die Hefe in die Rührschüssel der Küchenmaschine krümeln.
- Die Milch auf 37 °C erwärmen. Den Zucker, das Salz und den fein zerstoßenen Safran dazugeben. Die Milchmischung zur Hefe gießen. 700 g Mehl dazugeben und alles zu einem geschmeidigen Teig verarbeiten. Den Quark untermengen. Das restliche Mehl portionsweise unterkneten. Den Teig noch etwa 5 Minuten weiterkneten, bis er sich vom Schüsselrand löst. Die Schüssel mit Frischhaltefolie abdecken und den Teig etwa 1 Stunde gehen lassen.
- Den Teig auf der leicht bemehlten Arbeitsfläche kurz durchkneten. Den Teig in zwei Portionen teilen und jeweils zu einem Rechteck formen. Jedes Rechteck in 24 Streifen schneiden und jeweils zu einer etwa 25 cm langen Rolle formen. Die Enden einrollen, sodass eine S-Form entsteht.
- Das Lucia-Gebäck auf mit Backpapier ausgelegte Backbleche verteilen, mit einem Tuch abdecken und etwa 40 Minuten gehen lassen.
- Den Backofen auf 225 °C (Ober- und Unterhitze) vorheizen.
- Die Gebäckstücke an jedem Ende mit einer Rosine verzieren, die in den Teig gedrückt wird. Das Lucia-Gebäck mit verquirltem Ei bepinseln. Im Ofen auf der mittleren Schiene 5–10 Minuten backen. Auf einem Gitter unter einem Tuch abkühlen lassen.

TIPP Soll der Safran besonders fein zerstoßen sein? Dann geben Sie ihn am besten zusammen mit einem Stück Würfelzucker oder 1 TL Zucker in den Mörser.

BROWNIE-PIZZA MIT KARAMELLFROSTING UND GOODIES

ERGIBT 6–8 STÜCKE

75 g Butter
100 g dunkle Schokoladentropfen
1 Ei
115 g Farinzucker
45 g Zucker
100 g Kuchenmehl mit Backpulver (siehe Seite 10), plus Mehl zum Bestauben
1 Msp. Salzflocken

KARAMELLFROSTING

125 g weiche Butter
½ Dose gezuckerte Kondensmilch (100 g)
75 ml Karamellsauce, fertig gekauft oder selbst gemacht

ZUM GARNIEREN

50 ml Karamellsauce, fertig gekauft oder selbst gemacht
35 g geröstete Kokosflocken
100 g kleine schokoladige Süßigkeiten (z. B. Mini Reese's Peanut Butter Cups oder Bounty)

- Den Backofen auf 175 °C (Ober- und Unterhitze) vorheizen.
- Die Butter in einem Topf zerlassen, die Schokoladentropfen dazugeben, den Topf vom Herd nehmen und rühren, bis die Schokolade geschmolzen ist.
- Das Ei mit dem Farinzucker und dem Zucker etwa 3 Minuten schaumig rühren. Die Schokoladen-Butter-Mischung unterrühren. Das Mehl und das Salz dazugeben und alles zu einem glatten Teig verarbeiten.
- Den Teig in eine mit Backpapier ausgelegte runde Form (etwa 26 cm Durchmesser) geben und mit bemehlten Händen zu einer Größe von etwa 24 cm Durchmesser flach drücken. Im Ofen auf der mittleren Schiene 10–15 Minuten backen, dann abkühlen lassen.
- Für das Karamellfrosting die Butter und die Kondensmilch etwa 1 Minute verrühren. Die Karamellsauce dazugeben und untermischen. Das Frosting für etwa 30 Minuten kalt stellen, falls es zu weich ist.
- Das Frosting auf dem Brownie verteilen und mit Karamellsauce, Kokosflocken und den Süßigkeiten garnieren.

Farinzucker ist ein goldbrauner aromatischer Zucker, der mit Rohrzuckersirup gemischt wurde. Man kann ihn durch Muscovadozucker ersetzen.

TIPP Ein wenig von dem Frosting aufheben, um den fertigen Kuchen damit zu garnieren.

PIZZA 3 QUESOS

MANDELTÖRTCHEN MIT WEISSER SCHOKOCREME UND PREISELBEEREN

ERGIBT 20 TÖRTCHEN

BELAG
120 g tiefgekühlte Preiselbeeren
90 g Zucker

TEIG
100 g kalte Butter
45 g Zucker
1 kleines Ei
100 g gemahlene Mandel- oder Haselnusskerne
125 g Weizenmehl (Tpye 405), plus Mehl zum Bestauben

CREME
100 g weiße Schokoladentropfen
200 g Frischkäse (z. B. Philadelphia)
65–100 g Schlagsahne

- Die Preiselbeeren mit dem Zucker mischen und auf einem Teller verteilen. Über Nacht trocknen lassen.
- Für den Teig die Butter und den Zucker in der Küchenmaschine cremig rühren. Das Ei untermischen. Die Mandel- oder Haselnusskerne hinzufügen. Zuletzt das Mehl zugeben und alles zu einem Teig verarbeiten.
- Den Teig in einen Plastikbeutel geben und etwa 1 Stunde im Kühlschrank ruhen lassen.
- Den Teig auf der bemehlten Arbeitsfläche zu einer Rolle formen und in etwa 20 gleich große Stücke teilen. Etwa 20 Mini-Tartelettförmchen fetten.
- Die Teigstücke in die Förmchen drücken und noch einmal für etwa 30 Minuten kalt stellen.
- Den Backofen auf 200 °C (Ober- und Unterhitze) vorheizen. Die Törtchen auf der mittleren Schiene 10–12 Minuten backen.
- Aus den Formen stürzen und abkühlen lassen.
- Für die Creme die Schokoladentropfen schmelzen und abkühlen, aber nicht fest werden lassen. Den Frischkäse in einer Schüssel 30 Sekunden mit dem Handrührgerät aufschlagen. Die Schokolade dazugeben und unterquirlen. Die Sahne in zwei bis drei Portionen dazugeben und alles zu einer schaumigen Creme aufschlagen.
- Die Törtchen kurz vor dem Servieren mit der Creme füllen und mit den Preiselbeeren garnieren.

Diese Mandeltörtchen sind ein Muss auf unserem Weihnachtsbüfett. Entweder füllt sich jeder den knusprigen Teig selbst mit Creme und Preiselbeeren oder Sie stellen die Törtchen kurz vor dem Servieren fertig. Auch auf traditionelle Art, mit Schlagsahne und Moltebeerenkonfitüre, schmecken sie sehr gut.

APFELKUCHEN MIT SALZIGEM ERDNUSSKARAMELL

ERGIBT 6–8 STÜCKE

200 g kalte Butter
180 g Zucker
2 Eier
315 g Weizenmehl (Type 405), plus Mehl zum Bestauben
2–3 Äpfel
1–2 TL Zitronensaft
1 EL Puderzucker

GLASUR

75 g gesalzene Erdnusskerne
75 g Butter
45 g Zucker
140 g heller Sirup
2 EL Weizenmehl (Type 405)
2 EL Milch

- Den Backofen auf 175 °C (Ober- und Unterhitze) vorheizen.
- Die Butter in kleine Stücke schneiden und mit dem Zucker in der Küchenmaschine cremig rühren. Die Eier einzeln dazugeben und unterrühren. Das Mehl hinzufügen und alles zu einem homogenen Teig verarbeiten.
- Den Teig in eine mit Backpapier ausgelegte runde Backform geben und mit bemehlten Händen oder der Rückseite eines Löffels glatt streichen. Die Äpfel nach Belieben schälen, vom Kerngehäuse befreien und in dünne Spalten schneiden. Die Apfelspalten in den Teig drücken und mit dem Zitronensaft bepinseln. Den Puderzucker darübersieben. Den Kuchen im unteren Teil des Backofens 25 Minuten backen.
- Für die Glasur die Erdnüsse hacken. Die Butter in einem Topf zerlassen. Den Zucker und den Sirup dazugeben und aufkochen. Das Mehl untermengen, dann die Milch unterrühren. Die Glasur unter Rühren etwa 3 Minuten köcheln lassen, bis sie andickt, dann ⅔ der Erdnusskerne unterrühren.
- Die Glasur auf dem Kuchen verteilen und alles mit den restlichen Erdnusskernen bestreuen. Den Kuchen noch einmal für etwa 10 Minuten in den Ofen schieben. Abkühlen lassen, dann aus der Form nehmen.

Sie dachten, das beste Rezept für Apfelkuchen kennen Sie schon? Die Glasur mit den gesalzenen Erdnüssen verleiht ihm eine ganz neue Dimension.

SELECTION
FROM
TOSCA
ANDANTE SOSTEN

KLEINE BAISERS MIT LEMON CURD UND ZITRUSGLASUR

ERGIBT 6–8 BAISERS

3 Eiweiß
225 g Zucker

FÜLLUNG
100 g Lemon Curd, fertig gekauft oder selbst gemacht (siehe Seite 114)

GLASUR
60 g Puderzucker
½ EL Zitronensaft
etwa ½ EL Milch

ZUM GARNIEREN
1 kleine unbehandelte Orange oder Clementine, in Scheiben geschnitten
Rosmarinnadeln
½ EL Puderzucker

- Den Backofen auf 100 °C (Ober- und Unterhitze) vorheizen.
- Das Eiweiß mit dem Handrührgerät zu festem Schnee schlagen. Den Zucker dazugeben, jeweils 3 EL, und die Baisermasse weiterschlagen, bis sie glänzt. Nicht zu lange schlagen, sonst wird sie flüssig.
- Ein Backblech mit Backpapier auslegen. Die Baisermasse mit einem Löffel oder einem Spritzbeutel in sechs bis acht Portionen auf dem Backblech verteilen.
- Im unteren Teil des Ofens etwa 50 Minuten backen, bis sich die Baisers vom Backpapier lösen. Den Backofen ausschalten und die Baisers im Ofen erkalten lassen.
- Die Baisers auf eine Servierplatte legen. Für die Glasur den Puderzucker mit dem Zitronensaft und der Milch verrühren. Auf jedes Baiser einen Klecks Lemon Curd geben, dann die Glasur darüberträufeln.
- Die Orangen- oder Zitronenscheiben in Viertel oder Achtel schneiden und die Baisers damit belegen. Mit Rosmarinnadeln bestreuen und vor dem Servieren mit dem Puderzucker bestauben.

Erfrischend süßsauer sind diese kleinen Gebäckstücke und ganz leicht zu machen. Am besten backen Sie gleich die doppelte Menge Baisers und frieren einen Teil ein. Ein Rezept für selbst gemachten Lemon Curd gibt es auf Seite 114.

JULSTÄMNING

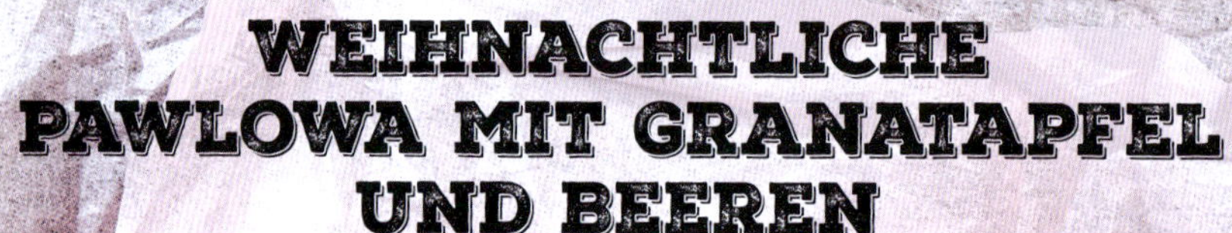

WEIHNACHTLICHE PAWLOWA MIT GRANATAPFEL UND BEEREN

ERGIBT 6–8 STÜCKE

3 Eiweiß
225 g Zucker

FÜLLUNG

100 g weiße Schokoladentropfen
200 g Frischkäse (z. B. Philadelphia)
100 g Schlagsahne

ZUM GARNIEREN

1 Granatapfel
125 g tiefgekühlte Himbeeren
125 g tiefgekühlte rote Johannisbeeren

- Den Backofen auf 100 °C (Ober- und Unterhitze) vorheizen. Das Eiweiß mit dem Handrührgerät zu festem Schnee schlagen. Nach und nach den Zucker dazugeben, jeweils 3 EL, und die Baisermasse weiterschlagen, bis sie glänzt. Nicht zu lange schlagen, sonst wird sie flüssig.
- Ein Backblech mit Backpapier auslegen. Mit einem Löffel oder einem Spritzbeutel aus der Baisermasse einen Kranz formen. Mit einem Löffel eine Vertiefung in die Baisermasse drücken, sodass sie an den Rändern ein bisschen höher steht.
- Das Backblech in den unteren Teil des Ofens schieben und das Baiser etwa 40 Minuten backen, bis es sich vom Backpapier löst. Den Backofen ausschalten und das Baiser im Ofen erkalten lassen.
- Das Baiser auf eine Servierplatte legen.
- Für die Füllung die Schokolade schmelzen, dann abkühlen, aber nicht fest werden lassen.
- Den Frischkäse etwa 30 Sekunden aufschlagen. Die Schokolade dazugeben und untermengen. Die Sahne hinzufügen und alles cremig rühren. Die Masse in die Vertiefung in dem Baiserkranz füllen.
- Die Pawlowa mit Granatapfelkernen und gefrorenen Himbeeren und Johannisbeeren garnieren.

24
20
16

MARMELADENKEKSE

ERGIBT 24 KEKSE

125 g kalte Butter
70 g Zucker
1 TL Bourbon Vanille
140 g Kuchenmehl mit Backpulver (siehe Seite 10)
3 EL Speisestärke
50–100 g feste Konfitüre (z. B. Feigen-, Aprikosen- oder Himbeerkonfitüre)
Puderzucker (nach Belieben)

- Die Butter würfeln. Mit dem Zucker und der Bourbon Vanille in der Küchenmaschine vermengen.
- Das Kuchenmehl und die Speisestärke dazugeben und untermischen.
- Den Backofen auf 200 °C (Ober- und Unterhitze) vorheizen.
- Den Teig zu einer Rolle formen und in 24 Stücke schneiden. Die Stücke zu Kugeln rollen und jeweils in eine beschichtete Mini-Muffinform legen. In jede Kugel eine Vertiefung drücken und mit einem Klecks Konfitüre füllen.
- Die Kekse im Ofen auf der mittleren Schiene 10–12 Minuten backen.
- Nach Belieben mit Puderzucker bestauben.

TIPP Die sternförmige Vertiefung kann man ganz leicht mit einer Zitruspresse herstellen, wie sie auf dem Foto rechts zu sehen ist. Aber auch ein Kochlöffelstiel ist gut geeignet. Wichtig ist hier eine feste Konfitüre, die beim Backen nicht zerläuft.

GEWÜRZKUCHEN

ERGIBT 6–8 STÜCKE

100 g weiche Butter,
plus Butter zum Einfetten
190 g Farinzucker
2 Eier
50 g saure Sahne
200 g Kuchenmehl mit Backpulver (siehe Seite 10), plus Mehl zum Bestauben
1 EL gemahlener Zimt
1 TL gemahlener Ingwer
1 TL gemahlene Gewürznelken
2 TL gemahlener Kardamom
½ EL Natron

GLASUR

120 g Puderzucker
1 EL Zitronensaft
1 EL Milch

ZUM GARNIEREN

1 EL Puderzucker

ZUM SERVIEREN

100 ml Schlagsahne
2 EL Preiselbeeren oder Preiselbeerkonfitüre

- Den Backofen auf 175 °C (Ober- und Unterhitze) vorheizen. Eine Backform (etwa 24 cm Durchmesser) einfetten und mit Mehl ausstreuen.
- Die Butter mit dem Farinzucker in der Küchenmaschine etwa 3 Minuten cremig rühren. Die Eier einzeln dazugeben und weiterrühren, bis die Masse luftig ist. Die saure Sahne hinzufügen. Das mit den Gewürzen und dem Natron gemischte Mehl unterrühren.
- Den Teig in die Form geben und im Ofen auf der mittleren Schiene etwa 50 Minuten backen; mit einem Holzstäbchen eine Garprobe machen.
- Den Kuchen abkühlen lassen, dann auf eine Servierplatte legen. Die Zutaten für die Glasur verrühren und den Kuchen mit der Glasur übergießen.
- Den Kuchen mit Puderzucker bestauben, mit geschlagener Sahne und Preiselbeeren servieren.

TIPP Dekorieren Sie gern? Dann versuchen Sie doch ein Pfefferkuchenhaus wie auf dem Foto. Dafür müssen Sie vom Kuchenteig etwa 100 ml abzweigen und in einer kleinen rechteckigen Form separat backen. Das Dach besteht aus Französischen Pfefferkuchen (siehe Seite 35). Mit Zuckerguss garnieren (siehe Seite 60). Pfefferkuchenmännchen machen Sie aus Pfefferkuchenteig (siehe Seite 60. Zum Schluss noch ein Tannenzweig – fertig!

LUCIA-SCHNECKEN

ERGIBT 16 GROSSE SCHNECKEN

½ Würfel Hefe
135 g Zucker
1 TL Salzflocken
500 ml lauwarme Milch (37 °C)
2 Päckchen Safran (1 g)
1 EL gemahlener Kardamom
etwa 850 g Weizenmehl (Type 550), plus Mehl zum Bestauben
150 g weiche Butter

FÜLLUNG

150 g Nuss-Nugat-Creme (z. B. Nutella)

ZUM GARNIEREN

1 verquirltes Ei
65 g gehackte Haselnusskerne

- Die Hefe mit dem Zucker, dem Salz, dem Safran und der Milch in die Schüssel der Küchenmaschine geben und vermengen. Etwa 15 Minuten gehen lassen.
- Den Kardamom und 630 g Mehl dazugeben und den Teig etwa 5 Minuten kneten. Mit Frischhaltefolie abgedeckt etwa 30 Minuten gehen lassen.
- Die Butter stückweise zum Teig geben und unterkneten.
- Das restliche Mehl portionsweise dazugeben und den Teig kneten, bis er geschmeidig ist. Er soll nicht zu fest werden. Den Teig weitere 10 Minuten kneten, dann mit Frischhaltefolie abgedeckt etwa 1 Stunde gehen lassen.
- Den Teig auf der bemehlten Arbeitsfläche in zwei Hälften teilen.
- Die Stücke nacheinander jeweils zu einem Rechteck ausrollen (35 × 50 cm). Jeweils die Hälfte der Füllung darauf verteilen. Den Teig von der kurzen Seite her dreifach zusammenfalten. Mit dem Nudelholz glätten und in acht lange Streifen schneiden. Die Streifen S-förmig aufrollen und mit ausreichend Abstand auf einem mit Backpapier ausgelegten Backblech verteilen. Die zweite Teighälfte genauso verarbeiten. Mit Frischhaltefolie abdecken und noch einmal 1 Stunde gehen lassen.
- Den Backofen auf 225 °C (Ober- und Unterhitze) vorheizen. Die Schnecken mit verquirltem Ei bepinseln. Mit den Haselnusskernen bestreuen und im Ofen auf der mittleren Schiene etwa 15 Minuten backen.
- Auf einem Gitter unter einem Tuch abkühlen lassen.

Diese Schnecken habe ich mit Nutella gefüllt. Sie können auch Pistazien- oder Haselnussmus verwenden oder eine Füllung Ihrer Wahl. Wer unsicher ist, wie man den Teig faltet, kann sich auf YouTube informieren.

SCHOKOLADENKUCHEN MIT DATTELN

ERGIBT 6–8 STÜCKE

5–6 Datteln
150 g Butter
360 g Zucker
60 g Kakaopulver
3 Eier
200 g Weizenmehl (Type 405)

- Die Datteln entkernen und halbieren.
- Den Backofen auf 175 °C (Ober- und Unterhitze) vorheizen.
- Die Butter zerlassen, dann etwa 5 Minuten abkühlen lassen und anschließend in die Schüssel der Küchenmaschine gießen. Den Zucker dazugeben. Das Kakaopulver hineinsieben und alles glatt rühren. Die Eier einzeln unterrühren. Das Mehl dazugeben und weiterrühren, bis der Teig glatt ist.
- Eine Backform (22 cm Durchmesser) mit Backpapier auslegen, den Teig einfüllen und glatt streichen. Den Kuchen im unteren Teil des Backofens etwa 10 Minuten backen, dann herausnehmen und die Datteln auf dem Kuchen verteilen. Den Kuchen weitere 10 Minuten backen – er soll in der Mitte noch feucht sein.
- Lauwarm oder kalt servieren.

DATTEL-MANDEL-KUGELN

ERGIBT 15 STÜCK

200 g Datteln
70 g gesalzene geröstete Mandelkerne

ZUM GARNIEREN

15 gesalzene geröstete Mandelkerne

- Die Datteln entkernen und im Mixer fein hacken. Die Mandelkerne fein hacken.
- Datteln und Mandelkerne in einer Schüssel gut vermengen. Aus der Masse 15 Kugeln formen, etwas abflachen und jeweils einen Mandelkern hineindrücken.

SAFTIGER SCHOKOLADENKUCHEN MIT SCHOKOGLASUR UND GERÖSTETEN NÜSSEN

ERGIBT 8–10 STÜCKE

180 g Zucker
40 g Kakaopulver
200 ml Milch
100 g dunkle Schokoladentropfen
150 g weiche Butter, plus Butter zum Einfetten
2 Eier
200 g Kuchenmehl mit Backpulver (siehe Seite 10), plus Mehl zum Bestauben
2 EL Vanillezucker

ZUM GARNIEREN

75 g dunkle Schokolade
75 g weiße Schokolade
45 g gehackte geröstete Nusskerne (z. B. Haselnuss-, Erdnuss- oder Walnusskerne)

- Eine etwa 1 ½ Liter fassende Gugelhupfform einfetten und mit Mehl ausstreuen. Die Hälfte des Zuckers, das Kakaopulver und die Milch in einem Topf verrühren. Die Mischung unter Rühren aufkochen. Den Topf vom Herd nehmen und die Schokoladentropfen unterrühren. Weiterrühren, bis sie geschmolzen sind. Zum Abkühlen beiseitestellen.
- Den Backofen auf 175 °C (Ober- und Unterhitze) vorheizen.
- Die Butter mit dem restlichen Zucker in einer großen Schüssel mit dem Handrührgerät cremig rühren. Die Eier einzeln unterrühren. Die Schokoladenmilch dazugießen. Das Kuchenmehl und den Vanillezucker dazugeben und alles zu einem glatten Teig verarbeiten. Den Teig in die Form füllen.
- Den Kuchen im unteren Teil des Backofens 50–60 Minuten backen; mit einem Holzstäbchen eine Garprobe machen.
- Den fertigen Kuchen etwas abkühlen lassen, dann auf eine Platte stürzen.
- Die dunkle und weiße Schokolade zum Garnieren getrennt schmelzen und den Kuchen damit beträufeln, zum Schluss mit den Nusskernen bestreuen.

Schokolade im Teig, zwei unterschiedliche Schokoladensorten in der Glasur – mehr Schokolade geht nicht!

PEKANNUSS-KARAMELL-PIE

ERGIBT 8 STÜCKE

100 g Vollkornbutterkekse
100 g Pfefferkuchen
100 g weiche Butter

FÜLLUNG
300 g Sahne
140 g dunkler Sirup
140 g heller Sirup
180 g Zucker
125 g weiche Butter

TOPPING
200 g Pekannusskerne
(am besten karamellisiert)
Salzflocken

- Die Kekse und die Pfefferkuchen im Mixer fein zerkleinern. Die Krümel in einer Schüssel mit der Butter vermengen. Die Masse in eine mit Backpapier ausgelegte Tarteform (etwa 24 cm Durchmesser) drücken, dabei einen Rand formen.
- Den Backofen auf 175 °C (Ober- und Unterhitze) vorheizen. Den Pieboden auf der mittleren Schiene 10–15 Minuten vorbacken.
- Für die Füllung die Sahne, den dunklen und den hellen Sirup sowie den Zucker in einem Topf verrühren. Aufkochen und auf 120 °C erhitzen, bis die Mischung eindickt. Gelegentlich umrühren und aufpassen, dass nichts überkocht. Vom Herd nehmen und die Butter in kleinen Stücken unterrühren. Die Füllung nach jedem Butterstück glatt rühren. Etwa 30 Minuten abkühlen, aber nicht fest werden lassen. Die Füllung auf den Pieboden gießen, mit den Pekannusskernen belegen und mit Salzflocken bestreuen. Über Nacht fest werden lassen. Kühl aufbewahren.

TIPP Nüsse = Weihnachten! Karamellisierte Pekannüsse gibt es in gut sortierten Supermärkten oder auf dem Weihnachtsmarkt.

CANTUCCINI MIT WEISSER SCHOKOLADE, MOOSBEEREN UND MANDELN

ERGIBT 20 CANTUCCINI

70 g gesalzene geröstete Mandelkerne
50 g weiße Schokoladentropfen
245 g Kuchenmehl mit Backpulver (siehe Seite 10), plus Mehl zum Bestauben
60 g Zucker
75 g kalte Butter
2 Eier
2 EL Milch
60 g getrocknete Moosbeeren (oder getrocknete Heidelbeeren)
1 EL Puderzucker

- Den Backofen auf 175 °C (Ober- und Unterhitze) vorheizen.
- Die Mandelkerne grob hacken. Die Schokoladentropfen hacken.
- Das Mehl und den Zucker in die Schüssel der Küchenmaschine geben. Die Butter in kleinen Würfeln dazugeben und untermischen. Die Eier und die Milch hinzufügen und alles zu einem Teig verarbeiten.
- Den Teig auf die bemehlte Arbeitsfläche geben. Die Mandeln, die Schokolade und die Moosbeeren einarbeiten.
- Den Teig in zwei Portionen teilen, jeweils zu einer Rolle formen und auf ein mit Backpapier ausgelegtes Backblech legen. Die Rollen etwas flacher drücken. Im Ofen auf der mittleren Schiene etwa 25 Minuten backen. Herausnehmen und etwa 10 Minuten abkühlen lassen. Mit dem Puderzucker bestreuen.
- Die Backofentemperatur auf 200 °C erhöhen. Die Rollen in etwa 1 ½ cm dicke Scheiben schneiden. Die Scheiben mit der Schnittfläche nach oben auf das Backblech legen und noch etwa 15 Minuten rösten, bis die Cantuccini goldbraun sind.

Italienische Cantuccini sind fantastisch und dabei ganz leicht zu backen. In eine hübsche Tüte oder eine schöne Dose gefüllt sind sie ein sehr schönes Weihnachtsgeschenk für jemanden, den Sie mögen.

SAFRANSTERN MIT NUSS-NUGAT-CREME

ERGIBT 10 STÜCKE

1 Päckchen Safran (0,5 g)
1 Zuckerwürfel
250 ml Milch
½ Würfel Hefe
70 g Zucker
½ TL Salz
450 g Weizenmehl (Type 405), plus Mehl zum Bestauben
75 g Butter, gewürfelt

FÜLLUNG

85 g Nuss-Nugat-Creme (z. B. Nutella)

ZUM GARNIEREN

1 Eigelb
Puderzucker

- Den Safran mit dem Zuckerwürfel im Mörser fein zerstoßen. Die Milch aufkochen und mit dem Safran mischen, dann auf 37 °C abkühlen lassen.
- Die Hefe in die Schüssel der Küchenmaschine krümeln. Die Safranmilch dazugießen, den Zucker und das Salz hinzufügen und alles vermischen. Die Schüssel mit Frischhaltefolie abdecken und die Hefe etwa 15 Minuten gehen lassen. Knapp die Hälfte des Mehls dazugeben und alles mit dem Knethaken zu einem Teig verarbeiten. Die Butterwürfel nach und nach dazugeben und unterkneten. Das restliche Mehl nach und nach unterkneten – der Teig soll nicht zu fest werden. Den Teig 10 Minuten kneten. Mit Frischhaltefolie abdecken und etwa 1 Stunde gehen lassen, bis er sein Volumen verdoppelt hat.
- Den Teig auf der bemehlten Arbeitsfläche in drei gleich große Stücke teilen. Jedes Stück zu einem Kreis von etwa 30 cm Durchmesser ausrollen.
- Die Hälfte der Nuss-Nugat-Creme auf dem ersten Kreis verteilen und den zweiten Teigkreis darauflegen. Mit der restlichen Creme bestreichen und mit dem dritten Teigkreis abdecken.
- Mit einem Glas von etwa 6 cm Durchmesser die Mitte des Kreises markieren. Den Teig von der Markierung aus in Viertel schneiden. Dann jedes Viertel von der Markierung aus wiederum in vier Stränge schneiden. Jeweils zwei dieser Stränge zwei Mal in entgegengesetzte Richtungen nach außen verdrehen und die Enden zusammendrücken. Das Eigelb mit 1½ TL Wasser verrühren und den Stern damit bepinseln. 30 Minuten gehen lassen.
- Den Backofen auf 200 °C (Ober- und Unterhitze) vorheizen.
- Den Stern auf der mittleren Schiene etwa 20 Minuten backen, dabei aufpassen, dass er nicht zu dunkel wird.
- Vor dem Servieren abkühlen lassen und mit Puderzucker bestauben.

TIPP Diesen Stern aus Hefeteig zu backen ist einfacher als es scheinen mag. Und weil er so toll aussieht, eignet er sich auch gut zum Verschenken.

SAFTIGE ORANGEN-BROMBEER-MUFFINS

ERGIBT 12 MUFFINS

150 g weiche Butter
180 g Zucker
2 Eier
3 EL frisch gepresster Orangensaft
200 g Kuchenmehl mit Backpulver (siehe Seite 10)
125 g tiefgekühlte Brombeeren
15 g Mandelblättchen
½ EL Puderzucker

- Den Backofen auf 225 °C (Ober- und Unterhitze) vorheizen. Zwölf Muffinförmchen aus Papier auf ein Muffinblech verteilen.
- Die Butter mit dem Zucker cremig rühren. Die Eier einzeln dazugeben und unterrühren.
- Den Orangensaft (oder Wasser) dazugeben. Das Kuchenmehl hinzufügen und alles zu einem glatten Teig verarbeiten.
- Die gefrorenen Beeren auf die Muffinförmchen verteilen, den Teig einfüllen und mit Mandelblättchen bestreuen.
- Die Muffins im Ofen auf der mittleren Schiene etwa 15 Minuten backen; mit einem Holzstäbchen eine Garprobe machen.
- Die Muffins zum Abkühlen auf ein Gitter stellen; vor dem Servieren mit Puderzucker bestauben.

Am besten gelingen die Muffins mit gefrorenen Brombeeren, die während des Backens auftauen. Frische Beeren deshalb mindestens 2–3 Stunden oder über Nacht tiefkühlen.

DUNKLE SCHOKO-SAHNE-TRÜFFEL

ERGIBT 24 TRÜFFEL

250 g Schlagsahne
95 g heller Sirup
90 g Zucker
50 g weiche Butter
250 g dunkle Schokoladentropfen
1 EL Whiskey oder Cognac

ZUM GARNIEREN

200 g dunkle Schokolade
1–2 EL Kakaopulver

- Die Sahne in einem kleinen Topf aufkochen, dann zur Seite stellen.
- Den Sirup und den Zucker in einem Topf aufkochen, bis der Zucker geschmolzen ist. Dann noch etwa 5 Minuten weiterkochen, bis die Mischung eine goldbraune Farbe annimmt.
- Die Sahne und die Butter unterrühren. Vom Herd nehmen und die Schokolade und den Alkohol unterrühren. Die Masse sorgfältig glatt rühren. Anschließend in eine mit Backpapier ausgelegte Form gießen und für etwa 3 Stunden kalt stellen, bis sie sich zu Kugeln formen lässt.
- Jeweils einen Esslöffel von der Trüffelmasse abnehmen und zu einer Kugel rollen. Auf eine mit Backpapier ausgelegte Platte legen und für etwa 1½ Stunden in den Kühlschrank stellen.
- Die Trüffel in geschmolzene Schokolade tauchen (siehe Tipp unten) und wieder auf die mit Backpapier ausgelegte Platte legen. Den Überzug im Kühlschrank etwa 1 Stunde fest werden lassen.
- Die Trüffel in einer mit Backpapier ausgelegten Dose aufbewahren. Vor dem Servieren mit Kakaopulver bestauben.

TIPP Zart schmelzende Trüffel dürfen auf dem weihnachtlichen Nachtischbüfett nicht fehlen. Besonders schön sehen sie aus, wenn man sie mit geschmolzener Schokolade überzieht – zum Eintauchen eignen sich Cake-Pops-Stiele. Man kann die Trüffel aber auch einfach in Kakaopulver wenden.

SCHOKOLADEN-MANDEL-KUCHEN

ERGIBT 8 STÜCKE

200 g dunkle Schokolade (70 %)
300 g Mandelmehl
1 EL Kakaopulver
70 g Kokosblütenzucker
200 g Butter, plus Butter zum Einfetten
5 Eier, getrennt

ZUM GARNIEREN

1 EL Kakaopulver
Schokoladenspäne (siehe Tipp)

- Den Backofen auf 175 °C (Ober- und Unterhitze) vorheizen. Eine Kuchenform einfetten und mit Mehl ausstreuen.
- Die Schokolade hacken oder im Mixer fein zerkleinern.
- Die Schokolade mit dem Mandelmehl, dem Kakaopulver, dem Zucker und der in Würfel geschnittenen Butter in der Küchenmaschine vermengen. Die Eigelbe einzeln unterrühren.
- Das Eiweiß zu Schnee schlagen und locker unter den Teig heben, am besten mit einem Teigschaber.
- Den Teig in die Form geben. Im Ofen auf der mittleren Schiene etwa 40 Minuten backen; mit einem Holzstäbchen eine Garprobe machen.
- Den Kuchen auf ein Gitter stürzen und abkühlen lassen. Zum Servieren auf eine Platte legen, mit Kakaopulver bestauben und mit Schokoladenspänen garnieren (siehe Tipp unten).

TIPP Schokoladenspäne sind nicht ganz einfach herzustellen. Mein Tipp: die Schokolade mit den Handflächen anwärmen und dann mit einem Käsehobel Späne abziehen. Man kann auch 200 g dunkle Schokolade schmelzen und mit 1 EL neutralem Öl verrühren. Diese Mischung fest werden lassen und dann mit dem Käsehobel Späne abziehen.

CHOCOLAT
hoklad

HIMBEERSCHNITTEN MIT SÜSSSAURER GLASUR

ERGIBT 35 STÜCKE

200 g weiche Butter
90 g Zucker
2 kleine Eier
315 g Kuchenmehl mit Backpulver (siehe Seite 10)

FÜLLUNG

230 g feste Himbeerkonfitüre

GLASUR

60 g Puderzucker
1 EL Zitronensaft

ZUM GARNIEREN

Hagelzucker

- Den Backofen auf 225 °C (Ober- und Unterhitze) vorheizen.
- Die Butter und den Zucker in der Küchenmaschine cremig rühren. Die Eier einzeln unterrühren. Das Mehl dazugeben und alles zu einem Teig verarbeiten.
- Den Teig in drei gleiche Portionen teilen und jeweils zu einer etwa 30 cm langen Rolle formen. Die Rollen auf ein mit Backpapier ausgelegtes Backblech geben. Der Länge nach eine Vertiefung einschneiden und mit Himbeerkonfitüre füllen.
- Im Ofen auf der mittleren Schiene etwa 10 Minuten backen.
- Die Zutaten für die Glasur verrühren und die Rollen damit beträufeln. Mit Hagelzucker bestreuen. Das Gebäck schräg in Scheiben schneiden, bevor es ausgekühlt ist.

TIPP Das Rezept variieren und statt Hagelzucker Puderzucker verwenden.

JULSTAMNING

WICHTELWALD-TORTE

ERGIBT 6–8 STÜCKE

TORTENBODEN
50 g Butter
100 ml Milch
3 große Eier
225 g Zucker
250 g Kuchenmehl mit Backpulver (siehe Seite 10)
1 TL gemahlener Kardamom
1 Msp. Salz

BAISERBUTTERCREME
6 Eiweiß
400 g Zucker
350 g weiche Butter
½ TL Bourbon Vanille

ZUM GARNIEREN
3 EL gehackte geröstete Haselnusskerne
1 EL Puderzucker
5 Rosmarinzweige
1 Handvoll Zieräpfel, Moosbeeren oder Preiselbeeren
3 EL Zucker

- Den Backofen auf 175 °C (Ober- und Unterhitze) vorheizen. Eine Springform (18 cm Durchmesser) mit Backpapier auslegen.
- Für den Tortenboden die Butter in einem kleinen Topf zerlassen und mit der Milch verrühren.
- Die Eier mit dem Zucker aufschlagen, bis die Masse weiß und schaumig ist.
- Das Mehl, den Kardamom und das Salz verrühren und abwechselnd mit der Butter-Milch-Mischung vorsichtig unter die Eiermasse heben. Die Masse in die Form füllen. Im unteren Teil des Backofens 35–40 Minuten backen; mit einem Holzstäbchen eine Garprobe machen. Den Tortenboden auf einem Kuchengitter abkühlen lassen, dann mit einem Sägemesser in zwei bis drei Böden teilen.
- Für die Baiserbuttercreme das Eiweiß und den Zucker in einer Schüssel gut verrühren. Die Masse im Wasserbad unter ständigem Rühren auf etwa 60 °C erwärmen, dann in der Küchenmaschine mit dem Rührbesen aufschlagen. Wieder in eine Schüssel geben und etwas abkühlen, aber nicht fest werden lassen. Die Butter in der Küchenmaschine etwa 1 Minute aufschlagen. Die Baisermasse portionsweise bei mittlerer Geschwindigkeit unterziehen, zum Schluss die Bourbon Vanille dazugeben.
- Den ersten Tortenboden auf eine Platte legen und mit etwas Creme bestreichen. Abwechselnd Böden und Creme aufeinanderschichten, dann mit der restlichen Creme die Oberseite und den Rand der Torte dünn bestreichen. Die Torte mit den Nusskernen bestreuen und mit Puderzucker bestauben.
- Die Äpfel und die Rosmarinzweige mit etwas Wasser besprühen und in dem Zucker wenden. Die Torte damit garnieren.

VANILLE-KOKOS-KUGELN

ERGIBT 8 KUGELN

150 g weiße Schokolade
125 g Vanille-Waffeln (fertig gekauft)
8 Mandelkerne

ZUM GARNIEREN
50 g weiße Schokolade
35 g Kokosflocken

- 100 g der Schokolade in Stücke brechen und im Wasserbad schmelzen.
- Die Waffeln im Mixer zerkleinern.
- Die Krümel mit der etwas abgekühlten Schokolade vermengen. Aus der Masse acht Kugeln formen und in die Mitte jeweils eine Mandel stecken. Die Kugeln für etwa 30 Minuten in den Kühlschrank stellen, damit sie fest werden.
- Die restliche Schokolade in Stücke brechen und im Wasserbad schmelzen. Die Kugeln erst in der geschmolzenen Schokolade und dann in den Kokosflocken wenden.

TIPP Wer sich hier an die bekannten Raffaello-Kugeln erinnert fühlt, liegt richtig. Ein weihnachtliches Finish bekommen die Kokosflocken mit 2–3 Tropfen roter Lebensmittelfarbe: einfach beides in einer Schüssel vermengen. Die knusprigen Kugeln schmecken nach 2–3 Tagen am besten, also rechtzeitig anfangen!

HEFEZOPF MIT MARZIPAN

ERGIBT 2 HEFEZÖPFE

TEIG

300 ml Milch
½ Würfel Hefe
4 EL Zucker
½ TL Salz
1 TL Bourbon Vanille
etwa 500 g Weizenmehl (Type 405), plus Mehl zum Bestauben
75 g weiche Butter

FÜLLUNG

50 g weiche Butter
250 g Marzipanrohmasse
3 EL Zucker

ZUM GARNIEREN

Puderzucker

- Die Milch auf 37 °C erwärmen.
- Die Hefe in die Rührschüssel der Küchenmaschine krümeln und in der Milch auflösen. Den Zucker, das Salz und die Bourbon Vanille unterrühren.
- 350 g Mehl dazugeben und alles mit dem Knethaken der Küchenmaschine zu einem Teig verarbeiten. Die Butter in Stücken dazugeben und unterkneten. Das restliche Mehl nach und nach hinzufügen, jeweils 3 EL, bis der Teig weich und geschmeidig, aber nicht zu fest ist. Den Teig weitere 10 Minuten kneten.
- Mit einem Tuch bedeckt etwa 1 Stunde gehen lassen.
- Den Teig auf der bemehlten Arbeitsfläche in zwei Portionen teilen und zu Kugeln formen. Unter einem Tuch weitere 20 Minuten gehen lassen.
- Die beiden Teigportionen nacheinander verarbeiten. Den Teig zuerst auf einer bemehlten Arbeitsfläche zu einem langen Rechteck (etwa 45 × 20 cm) ausrollen.
- Die Hälfte der Butter für die Füllung auf einem Stück verstreichen. Die Hälfte der Marzipanrohmasse mit einer feinen Reibe direkt auf den Teig reiben. Die Hälfte des Zuckers darüberstreuen. Den Teig von der kurzen Seite her aufrollen. Die Rolle dann mit einem scharfen Messer längs durchschneiden.
- Die beiden Stücke mit der Schnittfläche nach oben auf ein mit Backpapier ausgelegtes Backblech legen und locker miteinander verdrehen.
- Die zweite Teighälfte genauso verarbeiten. Die Zöpfe unter einem Tuch etwa 30 Minuten gehen lassen.
- Den Backofen auf 200 °C (Ober- und Unterhitze) vorheizen.
- Die Hefezöpfe auf der mittleren Schiene etwa 20 Minuten backen. Auf einem Gitter unter einem Tuch abkühlen lassen. Vor dem Servieren mit Puderzucker bestauben.

ERDNUSS-SCHOKOLADEN-FUDGE

ERGIBT 24 STÜCK

ERDNUSSFUDGE
225 g Erdnussbutter
½ Dose gezuckerte Kondensmilch

SCHOKOLADENFUDGE
250 g dunkle Schokoladentropfen
150 g Nuss-Nugat-Creme (z. B. Nutella)
½ Dose gezuckerte Kondensmilch

- Eine rechteckige Form (etwa 20 × 20 cm) mit Backpapier auslegen.
- Die Zutaten für das jeweilige Fudge in einen Topf mit dickem Boden geben. Unter Rühren nicht zu stark erwärmen, bis die Zutaten sich zu einer homogenen Masse verbinden.
- Die beiden Fudgemassen esslöffelweise in die Form füllen, dann die Oberfläche glatt streichen. Abkühlen lassen.
- Mit Frischhaltefolie abdecken und für 2–3 Stunden kalt stellen. Das Fudge in Würfel schneiden.

HALWA MIT PISTAZIEN UND ROSENBLÜTEN

ERGIBT 8–10 STÜCK

250 g Tahini
75 g Puderzucker
½ TL gemahlener Kardamom
60 g Pistazienkerne

ZUM GARNIEREN
1 EL gehackte Pistazienkerne
getrocknete Rosenblütenblätter

- Die Zutaten in die Küchenmaschine geben und zu einer homogenen Masse verarbeiten.
- Die Masse in eine mit Frischhaltefolie ausgelegte Form geben, glatt streichen und mit Rosenblütenblättern und Pistazien garnieren. Über Nacht kalt stellen.

Halwa ist eine Süßigkeit aus dem Nahen Osten. Man kann sie in arabischen oder türkischen Lebensmittelgeschäften kaufen. Oder Sie probieren dieses einfache Rezept zum Selbermachen.

WEISSE SCHOKOTRÜFFEL

ERGIBT 24 TRÜFFEL

1 Briefchen Safran (0,125 g)
1 Zuckerwürfel
75 g Schlagsahne
25 g Butter
275 g weiße Schokoladentropfen

ZUM GARNIEREN
2 EL Puderzucker oder Kakaopulver

- Den Safran mit dem Zuckerwürfel im Mörser fein zerstoßen.
- Die Sahne und die Butter in einem kleinen Topf unter Rühren erhitzen, bis die Butter geschmolzen ist. Den Safran unterrühren. Vom Herd nehmen, die Schokoladentropfen dazugeben und alles zu einer geschmeidigen Masse verrühren. Etwa 20 Minuten abkühlen lassen, dann in eine mit Backpapier ausgelegte Form gießen. Bei Zimmertemperatur auskühlen lassen, dann mit Frischhaltefolie abdecken und 2–3 Stunden kalt stellen, bis sich die Masse gut formen lässt.
- Jeweils eine teelöffelgroße Menge der Trüffelmasse zu einer Kugel rollen. In Puderzucker oder Kakaopulver rollen.
- Die Trüffel auf eine Platte legen und vor dem Servieren für mindestens 30 Minuten kalt stellen.

PFEFFERMINZ-KÜSSE

ERGIBT 50 STÜCK

1 Eiweiß
4–5 Tropfen Pfefferminzaroma
240 g Puderzucker
50 g dunkle Schokoladentropfen

- Das Eiweiß zu festem Schnee schlagen. Das Pfefferminzaroma unterrühren. Den Puderzucker dazugeben und unterrühren. Ein Tablett mit Backpapier auslegen und mit einem Spritzbeutel etwa 50 kleine Kreise aufspritzen. Bei Zimmertemperatur 2 Tage trocknen lassen.
- Die Schokolade schmelzen und auf jeden Pfefferminzkuss einen kleinen Klecks Schokolade setzen. Vor dem Servieren fest werden lassen.

EISKONFEKT

ERGIBT 30 STÜCKE

100 g Kokosfett
100 g dunkle Schokolade

- Auf einem Tablett 30 Förmchen für Eiskonfekt bereitstellen.
- Das Kokosfett in einem Topf mit dickem Boden zerlassen. Vom Herd nehmen und die Schokolade hineingeben. Unter Rühren schmelzen lassen. Die Schokoladenmasse auf die Förmchen verteilen. Vor dem Servieren fest werden lassen.

TORTE MIT DULCE DE LECHE UND ANDEREN GUTEN SACHEN

ERGIBT 6–8 STÜCKE

245 g Kuchenmehl mit Backpulver (siehe Seite 10)
60 g Kakaopulver
½ TL Natron
1 TL Bourbon Vanille
175 g weiche Butter
225 g Zucker
2 Eier
100 g Crème fraîche
175 ml starker Kaffee

CREME

90 g Erdnussbutter
140 g Kokosblütenzucker
2 EL Kakaopulver
1 TL Bourbon Vanille
200 g Frischkäse (z. B. Philadelphia)
2 EL starker Kaffee, warm

ZUM GARNIEREN

1 Dose Dulce de Leche
1 kleine Schachtel Toffifee
2 EL gehackte gesalzene Erdnuss- oder Haselnusskerne

- Den Backofen auf 150 °C (Ober- und Unterhitze) vorheizen. Das Kuchenmehl, den Kakao, das Natron und die Bourbon Vanille in einer Schüssel verrühren.
- Die Butter und den Zucker in der Küchenmaschine etwa 5 Minuten cremig rühren. Die Eier einzeln unterrühren. Die Crème fraîche und den Kaffee unterrühren. Die Mehlmischung dazugeben und alles zu einem homogenen Teig verarbeiten.
- Eine Springform (etwa 18 cm Durchmesser) mit Backpapier auskleiden. Den Teig einfüllen und im unteren Teil des Backofens etwa 50 Minuten backen; mit einem Holzstäbchen eine Garprobe machen. Den Boden abkühlen lassen und zweimal durchschneiden.
- Für die Creme die Erdnussbutter, den Kokoszucker, den Kakao, die Bourbon Vanille und den Frischkäse cremig rühren. Den warmen Kaffee unterrühren. Die Böden mit der Creme zusammensetzen und die Torte außen damit einstreichen. Die Torte für etwa 1 Stunde kalt stellen.
- Zum Schluss die Torte oben und außen mit Dulce de Leche bestreichen, mit Toffifee und Nüssen garnieren.

Diese Torte ist wirklich etwas ganz Besonderes: mit Kakao, Erdnussbutter und Dulce de Leche, die sich perfekt ergänzen.

BLÄTTERTEIGTÖRTCHEN MIT SELBST GEMACHTEM LEMON CURD

ERGIBT 6 STÜCK

1 Packung Blätterteig
200–300 g Lemon Curd
(siehe Rezept unten)
2 EL Granatapfelkerne

- Sechs Muffinförmchen mit Blätterteig auslegen und für 15 Minuten ins Gefrierfach stellen. Den Backofen auf 200 °C (Ober- und Unterhitze) vorheizen. Die Teigböden auf der mittleren Schiene 12–15 Minuten backen. Den Blätterteig zusammendrücken, falls er zu stark aufgegangen ist. Abkühlen lassen.
- Den Lemon Curd gleichmäßig auf die Teigböden verteilen. Mit Granatapfelkernen und nach Belieben mit Minibaisers garnieren.

LEMON CURD

ERGIBT ETWA 500 GRAMM

3 Eigelb
1 Ei
125 g Butter
180 g Zucker
100 ml frisch gepresster Zitronensaft
abgeriebene Schale von 1 unbehandelten Zitrone

- Das Eigelb mit dem Ei verrühren.
- Die Butter in einem Topf zerlassen. Den Zucker dazugeben und unter Rühren schmelzen lassen. Die Eimischung unterrühren, den Zitronensaft und die Zitronenschale dazugeben und mit einem Schneebesen verrühren. Unter kräftigem Schlagen 5–10 Minuten erwärmen, bis die Masse eindickt und cremig wird. Den Lemon Curd in eine Schale gießen und abkühlen lassen. Abgedeckt über Nacht in den Kühlschrank stellen.

TIPP Kleine Baisers, die mit einem Flambierbrenner gebräunt wurden, sind ein Hingucker auf den Törtchen. Wie man eine Baisermasse selber macht, steht auf Seite 74. Sie können aber genauso gut fertig gekaufte Minibaisers verwenden.

16
20

SCHOKOLADEN-HAFER-COOKIES

ERGIBT 7 GROSSE ODER 14 KLEINE COOKIES

40 g Haferflocken
60 g Walnusskerne
75 g gehackte Milchschokolade oder dunkle Schokolade
140 g Kuchenmehl mit Backpulver (siehe Seite 10)
45 g Zucker
35 g Kokosblütenzucker
100 g weiche Butter
1 Ei
Salzflocken

- Den Backofen auf 225 °C (Ober- und Unterhitze) vorheizen.
- Die Haferflocken im Mixer grob zerkleinern. Die Walnusskerne fein hacken. Die Schokolade grob hacken.
- Die Haferflocken, das Mehl, den Zucker und den Kokosblütenzucker in einer Schüssel mischen. Die Butter in kleinen Stücken dazugeben und untermischen. Dann alles mit den Händen zu einem krümeligen Teig verarbeiten. Das Ei und die Nüsse dazugeben, dann die Schokolade kurz untermengen. Den Teig in einen Plastikbeutel geben und im Kühlschrank etwa 30 Minuten ruhen lassen.
- Den Teig in 7 oder 14 Portionen teilen und daraus Kugeln formen. Die Kugeln mit großem Abstand auf einem mit Backpapier ausgelegten Backblech verteilen und mit der Hand flach drücken.
- Im Backofen auf der mittleren Schiene 3 Minuten backen. Dann die Ofentemperatur auf 175 °C reduzieren und die Cookies weitere 7–10 Minuten backen, bis sie etwas Farbe bekommen haben. Sie sollen nicht zu dunkel werden.
- Die Cookies mit Salzflocken bestreuen und auf einem Gitter abkühlen lassen.

TIPP Fertigen Cookieteig in Reserve zu haben, ist nicht nur in der Weihnachtszeit eine gute Sache! Dieser superleckere Teig hält sich im Kühlschrank 3–5 Tage.

SCHOKOLADEN-HASELNUSS-BAISERS

ERGIBT 6 BAISERS

2 Eiweiß
150 g Zucker
100 ml fertig gekaufte Schokoladensauce
4–5 EL gehackte geröstete Haselnusskerne

- Den Backofen auf 100 °C (Ober- und Unterhitze) vorheizen.
- Das Eiweiß mit dem Handrührgerät zu festem Schnee schlagen. Die Hälfte des Zuckers dazugeben und weiterschlagen. Nach und nach den restlichen Zucker dazugeben, jeweils 2 EL auf einmal, und immer weiterschlagen.
- Ein Backblech mit Backpapier auslegen. Die Basiermasse mit einem Löffel oder einem Spritzbeutel in sechs Portionen auf dem Blech verteilen.
- Die Schokoladensauce auf die Baisers geben und mit einem Holzspieß vorsichtig kleine Kreise von der Mitte aus zum Rand ziehen, damit sich ein hübsches Muster ergibt. Die Baisers mit den Nüssen bestreuen und im unteren Teil des Backofens etwa 50 Minuten backen. Vor dem Servieren vollständig abkühlen lassen.

TIPP Nach diesem Rezept backe ich auch Baiserböden für Torten. Dafür verteile ich die Baisermasse kreisförmig (etwa 22 cm Durchmesser) auf dem Backblech, gieße die Sauce darüber, mache mit einem Holzspieß ein hübsches Muster und backe den Boden wie oben angegeben. Wenn Sie zwei Böden brauchen, müssen Sie nur das Rezept verdoppeln.

44, Rue du Colisée (8e)
FROMONT, WEILLER et JOBERT
TOUS CES PRIX SONT NETS.
Nº 25

ROTE-BETE-KUCHEN MIT ROSA FROSTING

ERGIBT 6–8 STÜCKE

175 g Kuchenmehl mit Backpulver (siehe Seite 10)
60 g Kakaopulver
1 ½ TL Natron
1 TL Vanillezucker
3 Msp. Salzflocken
175 g weiche Butter
225 g Zucker
2 Eier
100 g saure Sahne
175 ml starker Kaffee, kalt
2 gekochte mittelgroße Rote Bete, fein gerieben

FROSTING

250 g weiche Butter
360–420 g Puderzucker
1 TL Vanillezucker
1 EL Rote-Bete-Saft
2–3 EL Milch

- Den Backofen auf 150 °C (Ober- und Unterhitze) vorheizen. Eine Springform (etwa 20 cm Durchmesser) mit Backpapier auskleiden.
- Das Kuchenmehl, das Kakaopulver, das Natron, den Vanillezucker und die Salzflocken in einer Schüssel vermengen.
- Die Butter und den Zucker in der Küchenmaschine etwa 5 Minuten weiß und schaumig rühren. Die Eier einzeln unterrühren. Die saure Sahne unterrühren. Den Kaffee dazugeben und unterrühren. Die Mehlmischung dazugeben und verrühren. Die Rote Bete dazugeben und alles zu einem homogenen Teig verarbeiten.
- Den Teig in die Springform füllen und im Ofen auf der mittleren Schiene etwa 50 Minuten backen. Den Kuchen abkühlen lassen, dann auf eine Servierplatte stürzen.
- Für das Frosting die Butter in der Küchenmaschine mit dem Rührbesen weiß und schaumig rühren. Den gesiebten Puderzucker esslöffelweise dazugeben. Den Vanillezucker hinzufügen und alles noch 3 Minuten aufschlagen. Den Rote-Bete-Saft und die Milch dazugeben und alles zu einer luftigen Creme verarbeiten.
- Das Frosting in einen Spritzbeutel füllen und dicke Tupfen auf den Kuchen spritzen.

Das rosa Frosting macht diesen saftigen Kuchen zu etwas ganz Besonderem. Falls Sie keinen Rote-Bete-Saft zur Hand haben, können Sie auch die Flüssigkeit aus einem Glas mit eingelegter Roter Bete nehmen. Das gibt eine besonders schöne Farbe und den Essig schmeckt man überhaupt nicht, weil das Frosting reichlich Zucker enthält.

MERRY AND
ELLS JING

MARMORKUCHEN MIT SCHOKOLADENGLASUR

ERGIBT 8–10 STÜCKE

225 g weiche Butter, plus Butter für die Form
270 g Zucker
4 Eier
65 ml Milch
1 TL Bourbon Vanille
280 g Kuchenmehl mit Backpulver (siehe Seite 10), plus Mehl zum Bestauben
5 EL Kakaopulver

GLASUR

50 g dunkle Schokolade
50 g weiße Schokolade

- Die Butter mit dem Zucker weiß und schaumig rühren. Die Eier einzeln unterrühren. Die Hälfte der Milch dazugeben und unterrühren. Die Bourbon Vanille und das Mehl hineinsieben und alles zu einem homogenen Teig verarbeiten.
- Den Backofen auf 180 °C (Ober- und Unterhitze) vorheizen.
- Die Hälfte des Teigs in eine Schüssel geben und zur Seite stellen.
- Die andere Hälfte mit der restlichen Milch mischen. Das Kakaopulver hineinsieben und gleichmäßig unterrühren.
- Eine Gugelhupfform einfetten und mit Mehl ausstreuen. Zuerst den dunklen Teig, dann den hellen Teig in die Form geben. Eine Gabel spiralförmig durch den Teig ziehen, um eine Marmorierung zu erzeugen.
- Den Kuchen im unteren Teil des Backofens etwa 40 Minuten backen; mit einem Holzstäbchen eine Garprobe machen.
- Den Kuchen aus der Form nehmen und abkühlen lassen.
- Für die Glasur dunkle und weiße Schokolade getrennt schmelzen. Etwa 15 Minuten abkühlen lassen.
- Den Kuchen auf eine Servierplatte legen und mit der Schokolade beträufeln. Die Glasur vor dem Servieren fest werden lassen.

Es sieht besonders schön aus, wenn man den Marmorkuchen mit zwei Sorten Schokolade glasiert.

REGISTER

Last but not least: ein großes Dankeschön an meine größte Inspirationsquelle, meine Mutter, an meine beste Gesprächspartnerin, meine Verlegerin Annelie, und an Monica für die Gestaltung.

Impressum

Produktmanagement: Britta Bettendorf
Übersetzung aus dem Schwedischen: Dr. Sabine Blocher
Redaktion & Satz: Carmen Söntgerath
Umschlaggestaltung: Anna Katavic
Repro: LUDWIG:media
Herstellung: Julia Hegele

Printed in Poland by CGS Printing.

Rezepte und Texte: Lena Söderström
Styling und Fotografie: Lena Söderström
Autorenfoto: Camilla Lindqvist
Layout: Monica Sundberg

✶ ✶ ✶ ✶ ✶

Sind Sie mit diesem Titel zufrieden? Dann würden wir uns über ihre Weiterempfehlung freuen.
Erzählen Sie es im Freundeskreis, berichten Sie ihrem Buchhändler, oder bewerten Sie bei Onlinekauf.
Und wenn Sie Kritik, Korrekturen, Aktualisierungen haben, freuen wir uns über Ihre Nachricht an
Christian Verlag GmbH, Postfach 40 02 09, 80702 München
oder per E-Mail an lektorat@verlagshaus.de

Unser komplettes Programm finden Sie unter www.christian-verlag.de

Alle Angaben dieses Werkes wurden von der Autorin sorgfältig recherchiert und auf den neuesten Stand gebracht sowie vom Verlag geprüft. Für die Richtigkeit der Angaben kann jedoch keine Haftung übernommen werden, weshalb die Nutzung auf eigene Gefahr erfolgt. Sollte dieses Werk Links auf Webseiten Dritter enthalten, so machen wir uns die Inhalte nicht zu eigen und übernehmen für die Inhalte keine Haftung.

In diesem Buch wird aus Gründen der besseren Lesbarkeit das generische Maskulinum verwendet. Weibliche und anderweitige Geschlechteridentitäten werden dabei ausdrücklich mitgemeint, soweit es für die Aussage erforderlich ist.

Die Deutsche Nationalbibliothek verzeichnet diese Publikation in der Deutschen Nationalbibliografie; detaillierte bibliografische Daten sind im Internet über http://dnb.d-nb.de abrufbar.

Titel der schwedischen Originalausgabe: *Bakat till julen*

ISBN: 978-3-95961-816-8